Simek · Die Germanen

Rudolf Simek

# Die Germanen

Philipp Reclam jun. Stuttgart

RECLAMS UNIVERSAL-BIBLIOTHEK Nr. 17051
Alle Rechte vorbehalten
© 2006 Philipp Reclam jun. GmbH & Co., Stuttgart
Gesamtherstellung: Reclam, Ditzingen. Printed in Germany 2006
RECLAM, UNIVERSAL-BIBLIOTHEK und
RECLAMS UNIVERSAL-BIBLIOTHEK sind eingetragene Marken
der Philipp Reclam jun. GmbH & Co., Stuttgart
ISBN-13: 978-3-15-017051-9
ISBN-10: 3-15-017051-6

www.reclam.de

# Inhalt

# 1

## Die ewigen Germanen

### Die Germanen als aktuelles Thema?

Kaum ein Jahr vergeht, ohne dass populäre und selbst populärwissenschaftliche Zeitschriften wenigstens einmal einen Aufhänger über die Germanen bringen, sei es aus Anlass eines Neufunds, einer wissenschaftlichen Neubewertung oder auch ganz einfach so. Der Tenor dieser Veröffentlichungen ist meist in Richtung »Die Germanen, unsere barbarischen Vorfahren«[1] angelegt, oder es wird die Rätselhaftigkeit der Germanen besonders betont.[2] Die Frage drängt sich auf, warum im 20. und 21. Jahrhundert noch immer ein Interesse an den Germanen, also an der Zeit vor der Aufteilung Nord- und Westeuropas in die mittelalterlichen Reiche, besteht, und dies besonders in deutschen Landen. Wenn eine der jüngsten wissenschaftlichen Publikationen[3] zu den Germanen kritisiert: »im Bewußtsein der Öffentlichkeit sind die Germanen vielfach immer noch ›Die ersten Deutschen‹«[4], dann stimmt dies zweifellos, denn ein ähnliches Interesse an »den Germanen« besteht in anderen Ländern mit überwiegend germanischen Wurzeln keineswegs, weder in England noch den Niederlanden oder in den skandinavischen Staaten. Die Erklärung des ungebrochenen – deutschen – Interesses ist aber schon in den genannten Titeln oder Aufmachern enthalten: Denn einerseits führt das – unten eingangs zu behandelnde – Rätsel um Ursprung und Urheimat der Ger-

---

1 *Der Spiegel*, Nr. 44, vom 28. 10. 96, S. 196–213.
2 Siegfried Fischer-Fabian, *Die ersten Deutschen – Der Bericht über das rätselhafte Volk der Germanen*, Stuttgart 1975.
3 Walter Pohl, *Die Germanen*, München ²2004, S. 1.
4 Fischer-Fabian (wie Anm. 2).

manen ganz natürlich zu immer neuen Spekulationen und birgt ein andauerndes Faszinosum, zum anderen stimmt das eben nur deswegen lediglich für Deutschland, weil sich die Deutschen immer noch mehr als andere Nationen als Nachfahren der Germanen fühlen. Ob dies zu Recht oder zu Unrecht der Fall ist, wird ebenfalls noch näher zu untersuchen sein.

## Am Anfang standen zwei Römer

Die beiden Römer, die an der Entstehung des Germanenbegriffs den größten Anteil hatten, sind noch heute den meisten Gymnasiasten vom Lateinunterricht her nur allzu gut bekannt: Caesar und Tacitus.

Caesar, dessen traditionell gutes Image durch seine leicht vertrottelte Darstellung in den *Asterix*-Heften ein wenig gelitten hat, war der Erste, der den Namen der Germanen bei der Römern populär gemacht hat: als barbarische, aber deswegen umso gefährlichere Feinde, die den Römern zu seiner Zeit schon einige traumatische Niederlagen zugefügt hatten. Er war zwar bei der Abfassung seiner Schrift *Über den Gallischen Krieg* nach 52 n. Chr. keineswegs der Erste, der den Namen »Germanen« nannte – denn der dürfte schon vor 200 v. Chr. in Rom bekannt gewesen sein[5] –, aber er erwähnte die Germanen wiederholt in seiner Geschichte des Gallischen Kriegs (*De Bello Gallico* I,33,4; II,4,2; VII,77,12), der die Unterwerfung der damals im heutigen Frankreich, Belgien, linksrheinischen Deutschland und der Schweiz siedelnden Gallier beschrieb und die Germanen ganz bewusst von diesen »seinen« Galliern abgrenzte. Er hat auch erstmals die bis dahin als unbekannte Völker aus dem Norden aufgefassten Kimbern und Teutonen als Germanen genauer zugeordnet

---

5 Dieter Timpe, »Germanen, historisch«, in: RGA 11 (1998) S. 2.

(*De Bello Gallico* I,40,5). Im selben Werk werden neben diesen beiden Stämmen die Germanen (oder besser: irgendwelche germanischen Stämme) als Bedrohung geschildert, als Unruhefaktor für die soeben unterworfenen und damit der Ordnung des römischen Imperiums eingegliederten gallischen Völker, welche durch die Germanen von jenseits des Rheins bedroht wurden. Wichtig an Caesars Germanenbild sind vor allem zwei Faktoren, die dieses Bild in der Folge lange Zeit prägten und wohl auch heute noch prägen. Zum Ersten tritt mit Caesars Lokalisationen der Germanen ein neuer Völkerverbund ins Licht der Geschichte, welcher den Raum zwischen den Kelten im Westen (zu denen neben den Galliern ja auch die Briten und Iren zählten) und den Skythen im Osten einnimmt. Ältere griechische Geschichtsschreiber (wie Herodot im 5. Jh. v. Chr., Hekataios oder Ephoros) hatten in Nordeuropa nur diese Völkergruppen gekannt. Nunmehr aber wird klar, dass das Gebiet zwischen Rhein und Weichsel sowie auf den Inseln des Nordens mit einer neuen, von Kelten und Skythen deutlich unterscheidbaren Völkergruppe besiedelt ist. Diese geographisch-ethnische Definition »Völker zwischen Kelten und Skythen« ist auch das einzig wirklich Sichere, wie die Germanen vor der Zeitenwende zu definieren sind. Zum Zweiten hat Caesar die Germanen mit seiner Beschreibung von Anfang an (und wohl auch sehr bewusst) als anders als die Kelten, als barbarischer, zügelloser und (dies aber wohl im Rahmen seiner politischen Intentionen nicht ganz beabsichtigt) als gefährlicher als die Kelten gekennzeichnet. Darüber hinaus unterscheidet dann Caesar wohl auch schon zwischen unterschiedlichen Stämmen oder Gruppen der Germanen, worauf nicht zuletzt die Bezeichnung als *Germani cisrhenani* (›diesseits des Rheins wohnende Germanen‹) hinweist.

Viel wichtiger für das noch heutige Bild von den Germanen war aber der zweite der beiden Römer, nämlich

Publius Cornelius Tacitus. Seine kleine, heute selbst zweisprachig nur ein recht dünnes Reclamheftchen füllende Völkerbeschreibung der Germanen, geschrieben knapp 150 Jahre nach Caesars Werk, dominiert nämlich bis zum heutigen Tage alles, was wir von Germanen wissen und von ihnen halten. Dabei lässt er sich gar nicht auf die Konflikte zwischen Römern und Germanen ein, sondern gibt einfach eine Monographie eines großen, den Römern immer noch weitgehend unbekannten Stammesverbandes nördlich der Donau. Er nennt darin zahlreiche Völker zwischen Main und Rhein im Westen und der Weichsel im Osten, von welchen wir viele heute nicht mehr identifizieren können, auch wenn etliche noch in Landschaftsnamen o. ä. greifbar sind. In dem sogenannten Namenssatz bei Tacitus (*Germania* 2,3) erklärt er, nur einer der Stämme, die den Rhein überschritten hatten, hätte sich ursprünglich selbst als Germanen bezeichnet, erst dann hätten davon abgeleitet die Gallier alle anderen rechtsrheinischen Stämme so genannt. Die von Tacitus um 98 n. Chr. wiedergegebenen zahlreichen Stammesnamen belegen zum einen die weit über die bei Caesar zu findenden Gruppen hinausgehende Aufteilung in verschiedene Stämme, zum andern aber, dass nun offenbar alle Stämme, welche zwischen Rhein und Oder sowie nordwärts davon siedelten, tatsächlich als Germanen bezeichnet wurden. Caesars »Völkergruppen zwischen Kelten und Skythen« haben damit eine ethnische Eigenständigkeit ebenso wie eine Binnendifferenzierung erhalten, sodass wir aus rein definitorischer Sicht die Entstehung der Germanen in die zwei Jahrhunderte um Christi Geburt legen können, da der Begriff vorher noch zu undifferenziert verwendet erscheint.

## Älteste archäologische Spuren

Archäologisch werden die Spuren der später zu den Germanen gerechneten Gruppen in der sog. Jastorf-Kultur (benannt nach einem früheisenzeitlichen Gräberfeld bei Uelzen, Niedersachsen) um die Mitte des 1. Jahrtausends v. Chr. greifbar. Diese Kulturgruppe, die uns bislang vor allem in Form von sparsam mit Beigaben ausgestatteten Urnengräberfeldern bekannt ist, belegte damals das Gebiet zu beiden Seiten des Mittel- und Unterlaufs der Elbe. Sie weist einerseits eine enge Verwandtschaft mit südskandinavischen Gruppen in Jütland, den dänischen Inseln und Südschweden auf und ist andererseits von als keltisch angesehenen Gruppen der Hallstatt- und Latène-Zeit im Süden beeinflusst, mit denen sie beträchtliche Gemeinsamkeiten zeigt. Da aber besonders in Dänemark kein großer Unterschied und schon gar kein radikaler Umbruch zwischen der spätbronzezeitlichen Kultur Südskandinaviens und dieser allerdings viel ärmlicheren Kultur der frühen Eisenzeit auszumachen ist, stellt sich die Frage, ob und wie sehr hier denn überhaupt Neuerungen oder gar Zuwanderungen auszumachen sind oder ob die Jastorf-Kultur nicht nur eine sehr allmähliche Verschmelzung ursprünglich verschiedener ethnischer Gruppen repräsentiert, welche nunmehr hier greifbar wird.

## Das Rätsel der Herkunft der Germanen

Die Frage nach der Ethnogenese (Volksentstehung) der Germanen steht oft im Mittelpunkt moderner populärer Überlegungen zu den »Alten Germanen«, aber sie beschäftigt die Wissenschaft nicht weniger. Es ist nach dem oben Gesagten durchaus möglich, dass sich die Frage in dieser Weise gar nicht stellt: Wenn die Germanen gar keine ethnische Einheit bildeten, sondern die Bezeichnung

einen Sammelbegriff für eine Gruppe von Völkern darstellt, die ab einem gewissen Zeitpunkt geschichtlich greifbar werden – ob nun archäologisch in der Jastorf-Kultur
oder sprachlich mit der Popularisierung des Wortes durch
Caesar –, dann können wir von einer »Entstehung der
Germanen« über Caesars Definition hinaus gar nicht sprechen. In diesem Fall sollten wir uns darauf beschränken,
kulturgeschichtlich die betroffenen Völkerschaften ab
dem Ende der nordischen Bronzezeit und dem Beginn der
Eisenzeit in Südskandinavien sowie in der norddeutschen
Tiefebene zu beschreiben, unabhängig davon, welcher ethnischen Herkunft einzelne dieser Völker denn gewesen
sein mögen, *bevor* sie in diese Völkergemeinschaft eingetreten sind und damit den Charakter des »Germanischen«
angenommen haben. Darüber hinaus haben wir immer
noch die Informationen der römischen Autoren über einzelne Stämme, die sie als eindeutig germanisch, also zu
dieser größeren Völkergruppe zugehörig identifizierten,
und wir können daraus einen gemeinsamen Nenner, der
aber nur bedingt ein Gesamtbild ergeben kann, ableiten.
Festzuhalten ist dabei jedenfalls, dass die Summe der Beschreibungen einzelner sogenannter germanischer *gentes*,
wie der Kimbern, Teutonen, Heruler oder Goten, noch
keine Gesamtdarstellung der »Germanen« ergibt, da wir
nicht wissen, welche Stämme denn von römischen Autoren *nicht* beschrieben wurden (etwa, weil sie sich nicht an
den Wanderungszügen beteiligten) und welche *fälschlich*
als Germanen apostrophiert wurden.

Wenn wir also die Herkunft der Germanen nur über
ihre Definitionen durch römische Historiker festmachen
können und als ihre Heimat zu dieser Zeit weitgehend un-
strittig das nördliche Gebiet zwischen Rhein und Oder
oder Weichsel und Südskandinavien gilt, dann ist damit
das letzte Wort zur sog. »Urheimat« der Germanen natürlich nicht gesprochen, auch nicht zum Verhältnis der germanischen Dialekte zu anderen Sprachen der sie umgeben-

den Gruppen, und schon gar nicht zur Herkunft dieser Dialekte und der anderen Sprachen aus einem gemeinsamen Indoeuropäischen oder gar die Frage, wo und wann dieses denn gesprochen worden sei.[6] Jedenfalls ist die traditionelle und immer noch brauchbarste Abgrenzung des Germanischen die erste Lautverschiebung, im Zuge derer aus den stimmlosen Verschlusslauten *p*, *t* und *k* die stimmlosen Reibelaute *f*, *þ* und *h* wurden (lat. *pater* – got. *fadar*, lat. *tres* – altnord. *þrír*, lat. *decem* – ahd. *zehan*), und die stimmhaften Verschlusslaute im Gefolge zu stimmlosen: *b*, *d*, *g* zu *p*, *t* und *k*. Daneben entstand aus silbischen Nasalen und Liquiden ein Sprossvokal *u* (idg. *u̯lku̯os* – ahd. *wolf*). Die dritte auffällige Veränderung betrifft die Festlegung des im Indogermanischen noch beweglichen Wortakzents auf die Wurzelsilbe, also die lexikalisch bedeutungstragende Silbe. Schließlich ist auch der (mangels besserer Erklärung so bezeichnete) spontane Lautwandel zu vermerken, in welchem altes *a*, *o* und *ǝ* (der »schwa«-Laut) in kurzes *a* (lat. *octo* – nhd. *acht*), dagegen langes *o* und *a* in langem *o* (lat. *frater* – germ. *brôþar* – nhd. *Bruder*) zusammengefallen sind.

Die Gründe für diese Veränderung sind seit langem Gegenstand von Vermutungen, eine wesentliche Rolle haben aber sicherlich veränderte Kontaktzonen mit Sprechern anderer Dialektgruppen gespielt. Resultat war ein (natürlich nur fiktives) »Urgermanisch«, aus dem sich schon relativ bald einige große Kontinuen ausgebildet haben: das deutsche und niederländische Kontinuum, das im heutigen Hochdeutsch und im Niederländischen seine Fortsetzung gefunden hat, das Friesische mit einer ganzen Reihe von Dialekten, weiters das aus den Dialekten der Angeln, Sachsen, Jüten und wohl auch Friesen hervorgegangene englische Kontinuum, das im heutigen Englisch mündet,

---

6 Hierzu ausführlich: Elmar Seebold, »Germanen, Germania, Germanische Altertumskunde. B. Sprache und Schrift«, in: RGA 11 (1998) S. 95–125.

sowie eine nordgermanische Sprachgruppe, aus der sich die heutigen skandinavischen Nationalsprachen Dänisch, Norwegisch, Schwedisch, Isländisch und Färingisch (nicht aber Finnisch und die Sami-Sprachen) herleiten. Ausgestorben sind schließlich noch vor dem Mittelalter das Gotische (von dem nur das Krim-Gotische bis in die Neuzeit überlebte) und das zuletzt in Norditalien gesprochene Langobardische.

Es wird in der Forschung heute nicht von ungefähr betont, dass sprachliche Entwicklungen uns wenig über historische Sachverhalte und über ethnische Gruppierungen sagen, auch ist man nach vielfältigen Versuchen wieder weitgehend davon abgekommen, archäologisch fassbaren Gruppierungen ethnisch oder sprachlich definierte Völker zuzuweisen, soweit nicht eindeutige Sprachdenkmäler (wie wir sie beim Gotischen besonders durch Wulfilas Bibelübersetzung, eine Handvoll anderer Texte, aber auch durch einige wenige epigraphische Denkmäler vorliegen haben) eine derartige Zuordnung ermöglichen. Alle Fragen ethnischer und historischer Verbindungen zu sprachlichen Rekonstruktionen sind aber nur auf dem Weg aufwendiger Spekulationen notdürftig zu erklären und führen damit auf das Gebiet wissenschaftlicher und auch ideologischer Kontroversen.

Ein Buch über die Germanen kann aber heute, im Gegensatz zu Tacitus' Zeiten, nicht ein Versuch sein, eine (historische) Ethnographie zu schreiben, schon aus dem Grund, dass »die Germanen« kein Ethnos, also kein Volk sind, sondern eben ein Sammelbegriff für viele, ursprünglich nach Herkunft, Ethnos und vielleicht sogar Organisation sehr unterschiedliche Völker. So ein Buch sollte heute auch nicht, wie das Werk des Tacitus, ein politisches Programm darstellen, das (wie die *Germania*) die ›edle Einfalt‹, aber militärische Gefährlichkeit der Völker nördlich der Donau aufzeigt, oder im Gegensatz dazu (wie viele neuzeitliche Werke seither) die von den Römern als barbarisch angesehenen Völker als Staatengründer, Überwinder römischer Dekadenz und nicht zuletzt als Vorfahren der Deutschen rehabilitieren wollen.

Eines haben aber heutige Bücher über die Germanen mit der Schrift des Tacitus gemeinsam, nämlich dass wir die germanischen Völker immer noch kontrastiv zu den Römern betrachten, und dies nicht ohne Grund: Die Geschichtsquellen sind größtenteils römische Historiker, und was diese nicht beschreiben, erfahren wir in der Regel gar nicht, sodass mitunter selbst große archäologische Funde vorerst stumm bleiben; die germanische Kultur und selbst die Religion erleben wir durch römische Augen, denn die Beschreibungen gehen zum wesentlichen Teil auf die ethnographischen und historischen Schriften des Tacitus zurück; selbst in der Terminologie sind wir bei der Bezeichnung und Einteilung der germanischen Völkerschaften auf die der römischen Geschichtsschreiber angewiesen, und darüber hinaus wissen wir herzlich wenig über die Binnengliederung der etwas unglücklich so genannten *Germania libera*, also des barbarischen Germanien. Was wir aus späterer Zeit aus der jeweiligen *origo gentis* germanischer Stämme über Stammheimat, Siedlungsgebiete und Wanderungszüge der einzelnen Gruppen erfahren, lässt sich zum einen nicht immer mit den römischen Informationen in Deckung bringen, zum anderen sind die auf mündlichen Überlieferungen basierenden Informationen auch keineswegs verlässlich.

Es soll daher im Folgenden, bevor wir notwendigerweise die politische Geschichte der Germanen vom 1. bis zum 4. Jahrhundert aus vornehmlich römischer Sicht nachzeichnen müssen, ein Blick auf das Leben der Germanen um die Zeitenwende im unbesetzten Germanien geworfen werden – ironischerweise geschieht auch dies anhand der Ethnographie des Tacitus, die wir heute aber durch eine Vielzahl von Details aus archäologischen Funden überprüfen können.

# 2

# Die germanische Kultur der älteren Eisenzeit

## Germanische Altertumskunde

Schon früh, im 19. Jh., hat sich in der Germanistik und den Nachbarfächern eine eigene wissenschaftliche Disziplin entwickelt, die sich die Erforschung der Gesamtkultur der Germanen zum Gegenstand nahm. Ihren Namen bekam diese Disziplin schon seit 1870 durch das Handbuch von Karl Müllenhoff, welches im Gegensatz zu der damals schon weit und breit geübten klassischen Altertumskunde eine *Deutsche Altertumskunde* postulierte, und sie etablierte sich 1913–19 in einem vierbändigen Nachschlagewerk von Johannes Hoops, das sich *Reallexikon der Germanischen Altertumskunde* nannte und versuchte, aus historischer, sprachlicher, religiöser, kultureller, technischer und sonstiger Sicht ein Gesamtbild von der germanischen Kultur von den Anfängen bis zum Frühmittelalter zu bieten.[7] Die zeitliche Begrenzung dieser Germanischen Altertumskunde zum Ende hin bildete dabei meist einerseits die Schwelle zur Christianisierung, zum anderen die Herausbildung der mittelalterlichen Reichsgebilde. Der Beginn wurde dabei noch nicht so deutlich mit der Mitte des 1. Jahrtausends v. Chr. angelegt, wie dies oben im Kap. 1 vom heutigen wissenschaftlichen Standpunkt aus versucht wird, sondern es sind auch noch die Bronzezeit und mitunter sogar ältere Phasen mitberücksichtigt.[8]

---

7 Daneben gab es eine nicht unbeträchtliche Menge weiterer Handbücher zur Germanischen und »Deutschen« Altertumskunde: vgl. Friedrich Kauffmann, *Deutsche Altertumskunde. Erste Hälfte: Von der Urzeit bis zur Völkerwanderung*, München 1913 (= *Handbuch des Deutschen Unterrichts an Höheren Schulen*, 5,1); Hermann Fischer, *Grundzüge der Deutschen Altertumskunde*, Leipzig 1931 (= *Wissenschaft und Bildung*, 40).

8 So rechnet etwa Hermann Fischer (wie Anm. 7), S. 11 f., noch steinzeitliche Höhlen zu den Themen der »Deutschen Altertumskunde«.

Die Germanische Altertumskunde eröffnet uns auch heute noch den Zugang zu der germanischen Kultur, ohne sie auf die oberflächliche politische Geschichte zu reduzieren, und sie will möglichst alle Aspekte einer Kulturgeschichte berücksichtigen. Allerdings ist die zeitliche Abgrenzung, wie schon erwähnt, enger geworden, dennoch ist das gerade auf Grund archäologischer Funde und Befunde inzwischen bekannte Material so umfangreich geworden, dass es den Rahmen jeder möglichen Darstellung zu sprengen beginnt, wie die wohl letztmalige Erfassung in der Neuauflage des *Reallexikons der Germanischen Altertumskunde* (hrsg. von Heinrich Beck; seit 1973 bislang 31 Bände bis zum Buchstaben U!) deutlich bekundet. Während die historischen Quellen kaum noch zunehmen, werden gerade auf dem Bereich der Sachkultur (und damit indirekt für die Religionsgeschichte, das Rechtswesen, Brauchtum, Ernährung, Kriegswesen u. v. a.) die Erkenntnisse immer reichhaltiger. Der kulturgeschichtliche Ansatz birgt allerdings auch offensichtliche Gefahren in sich, weil allzu leicht die enorme zeitliche und regionale, ja auch gesellschaftliche und religiöse Differenzierung der einzelnen germanischen Gruppen vergessen werden kann, da eine Harmonisierung von Befunden aus unterschiedlichen Zeiten und Regionen wegen der äußerst unterschiedlichen Entwicklungen und Beeinflussungen der einzelnen Gruppen nur sehr bedingt zulässig ist.

Wenn im Folgenden daher ein kleiner kulturgeschichtlicher Überblick über die Germanen der Eisenzeit geboten werden soll – wobei Vor- und Rückgriffe erlaubt bleiben müssen –, dann muss dabei nochmals betont werden, dass ein derartiger Überblick insofern problematisch ist, als der Rekurs auf Zustände der vorrömischen Eisenzeit und der Kaiserzeit, also grob gesagt die fünf Jahrhunderte vor und die drei Jahrhunderte nach der Zeitenwende, nur dadurch zulässig ist, dass wir wenigstens von einigen germanischen Verbänden die Urheimat in Südskandinavien oder der südlichen Küste des Baltikums vermuten dürfen und damit dieser geographische Bereich ins Zentrum unseres Interesses für die älteste germanische Geschichte rückt. Es darf aber keineswegs vergessen werden, dass wir auch deswegen immer wieder auf südskandinavische und norddeutsche Funde zurückgreifen, weil hier die archäologische Funddichte relativ hoch ist und noch dazu die Interferenzen durch andere oder spätere Kulturen relativ gering sind. Dagegen sind aus archäologischer Sicht die Züge germanischer Gruppen nur äußerst punktuell und fast nie unproblematisch nachzuweisen, noch dazu weisen die nach Mittel- oder Südeuropa vorgedrungenen *gentes* natürlicherweise stilistische wie technologische Einflüsse ihrer neuen Nachbarvölker und ganz besonders auch des römischen Imperiums auf. Außerdem bieten selbst gut datierbare Fundgruppen aus der Völkerwanderungszeit (wie etwa die der Gepiden aus der Siedlungszeit von 490 bis 567/8 an der oberen Theiß und ihren östlichen Nebenflüssen) so kleinteilige Informationen (in diesen Fällen eben nur zwei Generationen einer einzigen Gruppe in einer einzigen Teillandschaft Mitteleuropas), dass der Versuch ihrer Darstellung den Umfang normaler Bücher sprengen würde. Der folgende Überblick soll daher bewusst eine Situation (hypothetischer) germanischer Gruppen vor der Abwanderung aus dem Norden und nur im genannten zeitlichen Rahmen, also »der ältesten germanischen Zeit«, wiedergeben, wogegen die Geschichte(n) der einzelnen Stämme oder Stammesgruppen bis zu ihrer Christianisierung oder dem Aufgehen in den mittelalterlichen Reichseinheiten in den nachfolgenden Kapiteln im Überblick behandelt werden soll. Ausgenommen bleibt vorerst der wichtige Bereich der Religion (bzw. der Bekehrungsgeschichte), welche ebenfalls separat und ausführlicher in Kapitel 9 besprochen wird.

Die Darstellung wird notgedrungen auch immer wieder auf Tacitus' *Germania* zurückgreifen, vor allem in den Bereichen, wo die archäologischen Quellen uns keinen Aufschluss über die Zustände geben können. Aber auch dort, wo wir heute auf Grund von vielfältigen Funden deutlich mehr über die Kultur des germanischen Altertums aussagen können, ist der Rekurs auf die Darstellung bei Tacitus durchaus nutzbringend, um die Unterschiede zwischen seinen Beschreibungen und den Funden deutlich zu machen und damit den Quellenwert seiner Ethnographie zu relativieren, der in der Vergangenheit (gemeinsam mit den viel zu späten altnordischen Quellen) allzu sehr im Mittelpunkt der Darstellungen stand. Dies ist heute auf Grund der entwickelten Quellenkritik nicht mehr zulässig, andererseits hat gerade die archäologische Forschung in den letzten Jahrzehnten solche Neugewinne an Wissen erbracht, dass der alleinige Rückgriff auf die schriftlichen Quellen auch nicht mehr so notwendig ist wie noch vor 30 oder 50 Jahren.

## Kulturgeschichte der ältesten Zeit

Eine Beschreibung der germanischen Kultur muss nach dem oben Gesagten unabhängig von tatsächlicher ethnischer Zugehörigkeit einzelner Stämme dort beginnen, wo wir den historisch greifbaren Beginn der Ethnogenese festmachen können, nämlich in einem Raum, der sein geographisches Zentrum etwa in Dänemark aufweist. Was die archäologischen Quellen uns für die ausgehende Bronzezeit und beginnende Eisenzeit für diesen Raum mitteilen, muss also mit gewissen Abstrichen für die ersten uns greifbaren Germanen gelten.

Der Übergang von der Bronzezeit zur Eisenzeit, welcher im nördlichen Europa eben um die Mitte des 1. Jahrtausends v. Chr. anzusetzen ist und gegenüber dem entsprechenden technologischen Fortschritt in Südeuropa mit mindestens drei Jahrhunderten Verspätung eintrat, ist

nicht nur durch den Wechsel von der weicheren Bronze
zum härteren (und als Stahl auch wesentlich elastischeren)
Eisen markiert, sondern gerade in Nordeuropa offenbar
auch von einer nicht unwesentlichen Klimaverschlechterung. Der Norden hatte sich während der Bronzezeit
durch ein ausgesprochen mildes Klima ausgezeichnet, das
wärmer war als heute und sowohl die Seefahrt wie den
Fischfang begünstigte, als auch die Kultivation von Getreidesorten wesentlich weiter nördlich als die heutigen
Anbaugrenzen zuließ. Fiel das große Klimaoptimum der
vorchristlichen Geschichte etwa an den Beginn der nordischen Bronzezeit um 2000 v. Chr., so vollzog sich ein dra-
matischer Klimaeinbruch um die Mitte des letzten Jahrtausends v. Chr., bevor erst wieder im 1. Jh. n. Chr. das
sogenannte Römische Klimaoptimum vorübergehend für
wärmere Zeiten sorgte. Inwieweit diese Klimaverschlechterung für die Fundarmut und den Rückgang auch der
künstlerischen Qualität der Alltagsobjekte am Beginn der
Eisenzeit mitverantwortlich ist, muss wohl letztlich offen
bleiben, weil zu viele Faktoren zusammentreffen, um diese Frage endgültig beantworten zu können.


## Siedlungsformen


Zwar lässt sich mit Sicherheit sagen, dass alle germanischen Kulturen der Eisenzeit agrarische Gesellschaften
waren, die zur Ernährung eine Mischung aus Ackerbau
und Viehzucht betrieben, aber damit enden die Gemeinsamkeiten in der Art der Wirtschaft auch schon: denn wir
wissen einerseits, dass sich bestimmte südskandinavische
Gesellschaften der Eisenzeit in erster Linie von Viehzucht
ernährten (so etwa auf Gotland) und dass die römischen
Autoren den Viehreichtum der Germanen besonders be-
tonten. Aber Letzteres hatte in erster Linie eigentlich damit zu tun, dass die Römer in Mittel- und Südosteuropa

oft genug auf wandernde Stämme trafen, welche während ihrer jahrelangen und jahrzehntelangen Landsuche auf Viehherden zum Überleben angewiesen waren. Andererseits spielte in den Küstenregionen Westskandinaviens die Fischerei schon immer eine wesentliche Rolle, ohne dass die historischen Quellen dies besonders erwähnen würden. Weiters spielte aber der Ackerbau eine so wichtige Rolle, dass schon die Kimbern und Teutonen im 1. Jahrhundert vor Christus angeblich deshalb nach Süden zogen, um Land für den Ackerbau zu finden – und dies gilt für viele der Stämme, welche von den Migrationsbewegungen der Völkerwanderungszeit erfasst wurden.

Die Siedlungsformen der Frühzeit sind nicht mit Sicherheit fassbar, die bisher immer noch sehr vereinzelten Ausgrabungen von germanischen Siedlungen der Eisenzeit deuten aber auf den freistehenden Einzelhof bzw. Zusammenschlüsse zu weilerartigen (Klein-)Siedlungen als dominante Siedlungsform hin. Schon Tacitus hatte es als typisch (und für ihn ungewohnt) angemerkt, dass die Germanen (im Gegensatz zu den Kelten, die schon früh Städte wie etwa in Alesia und Avaricum gründeten) nicht in Städten oder dörflichen Gemeinschaften siedelten. Aber bei ihm werden die germanischen Fluchtburgen nicht angesprochen, die man vereinzelt gefunden hat, und auf die das Element -*burg* in Städtenamen zurückgehen dürfte, got. *baurgs* ›Hügel, Fluchtburg‹, welches der lateinischen Bezeichnung *oppidum* entspricht. Die Gehöfte lägen laut Tacitus weit auseinander und seien in erster Linie an einzelnen topographischen Merkmalen orientiert (*Germania* 16). Trotzdem bestehen natürlich beträchtliche Unterschiede auf Grund der geographischen und topographischen Gegebenheiten: Während in den skandinavischen Küstenregionen und in den heutigen Niederlanden noch lange Einzelgehöfte dominierten, zeigt schon das Beispiel der ergrabenen Wurtensiedlung von Feddersen Wierde im östlichen Friesland, dass die höher als das Überflutungsgebiet liegenden und von Menschenhand immer wieder erweiterten Wurten an der Nordsee einen Zusammenschluss zu Weilern nahelegten.[9]

Das ›freie‹ Germanien östlich des Rheins war vor 2000 Jahren durch große Waldgebiete mit darin eingebetteten Lichtungsinseln von nur beschränkter Größe gekennzeichnet, und die Waldgebiete behinderten den Verkehr zwischen den einzelnen Siedlungsgebieten, in denen die Einzelgehöfte auch weit auseinander liegen konnten. Wenn Tacitus die freie, das Bauernhaus umgebende Fläche anspricht, dann will er damit natürlich zuerst den freistehenden Charakter des Einzelhofs (im Gegensatz etwa zum Straßendorf) hervorheben. Die Ausgrabungen an einer Reihe von Dörfern sowohl aus dem ›freien‹ Germanien wie aus der Provinz haben jedoch gezeigt, dass es im Gegensatz zur Aussage des Tacitus sehr wohl schon in der älteren Eisenzeit und der römischen Kaiserzeit Dörfer mit mehr als nur einer Handvoll Höfe gab, so Borremose in Dänemark oder Feddersen Wierde mit je über 18 Höfen, wobei im letzten Fall während der Besiedlung vom 1. Jh. v. Chr. bis 5. Jh. n. Chr. die Zahl der Häuser von anfangs 5 auf 26 anwuchs. Dörfer am Ende der Eisenzeit mit 30–50 Höfen müssen immerhin eine Bevölkerung von 250–400 Personen gehabt haben, dazu kommt, dass Dörfer (wie das genannte Borremose) durchaus auch eine Befestigung aus einer alle Höfe umgebenden Palisade oder einem Wall gehabt haben können[10], ohne dass es sich dabei um nachweisliche Reichtumszentren handelte. Mit der von Tacitus erwähnten freien Fläche um das Haus kann aber auch die in Skandinavien noch bis in die Gegenwart verbreitete Hauswiese (altnord. *tún*, vgl. dt. Zaun) angesprochen sein, die in etlichen germanischen Sprachen zum Wort für »Haus, Bauernhof« geführt hat, etwa gotisch

9 P. Schmidt, »Feddersen Wierde«, in: RGA 8 (1994) S. 249–264.
10 Herbert Jankuhn, »Dorf. III. Archäologisches«, in: RGA 6 (1986) S. 94–114.

*gards* ›Haus‹, altnord. *garðr* ›Gehöft, Haus‹, ursprünglich aber in der Bedeutung ›der eingezäunte, umhegte Bereich‹.

Eine weit verbreitete Gemeinsamkeit der germanischen Siedlung ist die bis ins Frühmittelalter übliche Hausform des Langhauses, dessen Wände in lehmverschmiertem Flechtwerk (in Skandinavien auch als Grassodenwälle), nur sehr selten in Trockensteinmauern ausgeführt waren, nicht aber aus dem von Tacitus erwähnten »unbehauenen Holz«, bei dem man sich ja Blockhütten vorstellen müsste. Nur ganz vereinzelt finden sich auch frühgeschichtlich Hauswände aus Spältlingen, erst im Frühmittelalter kennen wir auch verbreitete Häuser mit Plankenwänden, dann aber vorzugsweise aus dem frühstädtischen Milieu oder aber offenbar durchgängig in den schiffsförmigen Kasernenbauten der dänischen Trelleburgen, die auch einen konstruktionsbedingten Umgang unter dem Vordach besaßen. Dass aber daneben auch bei Sodenwandhäusern mit inneren Verkleidungen aus Holz gerechnet werden muss, zeigen die Hinweise auf geschnitzte Dekorationen auf Holzwänden, selbst auf Island im Frühmittelalter.

Das schilf-, stroh- oder (wieder im Norden) grassoden-gedeckte Dach wurde von einer internen zweireihigen hölzernen Pfeilerkonstruktion getragen, was einen »dreischiffigen« Effekt ergab, bei dem die zentrale Feuerstelle dann auf Grund der gestreckten Hausform als sogenanntes Langfeuer ausgebildet ist, um das sich Arbeit, Nahrungsaufnahme und Freizeit konzentrierten und sich gleichzeitig die Schlafstellen gruppierten. Schon während der ersten nachchristlichen Jahrhunderte ist vom Süden bis an die Nordsee und in Dänemark zumindest für Herrenhäuser eine Funktionstrennung von Wohnhalle und Ställen festzustellen, während in Retardierungsgebieten wie Island das Langhaus mit Wohnung und Ställen unter einem Dach noch jahrhundertelang weiterbestand. Nicht zuletzt die von den Tieren abgegebene Körperwärme machte diese Verbindung in klimatischen Extremlagen attraktiv.

Jedenfalls waren gemauerte Häuser im germanischen Altertum kaum bekannt, wie nicht zuletzt die Herkunft aller Ausdrücke des Maurerhandwerks (Mauer, Kalk, Mörtel, Ziegel, Pfeiler, tünchen) aus dem Lateinischen beweist.

## Gesellschaft und Recht

Die ständisch gegliederte Gesellschaft der germanischen Eisenzeit war eine Sklavenhaltergesellschaft, und während in der Frühzeit die Sklaven (wie bei Tacitus *Germania* 25 beschrieben) einfach als Sachbesitz zum Hausstand gehörten, aber nicht wie bei den Römern im Haushalt des Herrn eingesetzt wurden, sondern wie Kleinpächter selbst wirtschafteten, so dürfte in der späten Völkerwanderungszeit und in der Wikingerzeit der Sklavenhandel ein nicht unbeträchtlicher Wirtschaftsfaktor geworden sein. Die aufstrebenden Dynastien der damals stark expandierenden islamischen Reiche der Omajaden und Abassiden im Vorderen Orient und im Maghreb bildeten dafür einen enorm finanzstarken Markt, der für einen Großteil des Silbers bei Friesen und Wikingern verantwortlich war. Nicht nur Funde von Sklavenfesseln noch aus dem 11. Jh., sondern zahlreiche Stellen bei zeitgenössischen Autoren und mitunter sogar Rechtstexte (Friesisches Recht) zeigen die Bedeutung des Sklavenhandels. Vereinzelte Passagen bei den Historikern verweisen darauf, dass durch Kriegsgefangenschaft und Raubzüge auch innerhalb West- und Nordeuropas selbst Adelige in die Sklaverei kommen konnten, der außer durch Freikauf nur durch die lebensgefährliche Flucht zu entrinnen war (vgl. die Flucht des Attalus im 6. Jh. bei Gregor von Tours, *Historia Francorum* III,15, oder die bei Thietmar von Merseburg in seinem *Chronicon* IV,23–24 von seinem Onkel Siegfried im 10. Jh. berichtete), wenn einem nicht der Besitzer ausdrücklich die Freiheit schenkte.

Die ständische Gliederung der germanischen Gesellschaft des Altertums nahm die Sklaven aber als Stand gar nicht wahr, sondern behandelte sie als Sache, welche veräußerbar und auf keinen Fall rechtlich eigenständig war; wie für Tiere, so musste der Besitzer auch für Sklaven haften. Freigelassene Sklaven ohne Bestätigung durch Thingbeschluss wurden nicht völlig frei, sondern halbfrei und unterschieden sich in sozialer Hinsicht kaum von Sklaven: Auch sie arbeiteten als Knechte oder bewirtschafteten gegen Pacht Land ihres Herrn.

Nur der freie (auch: vollfreie) Bauer war voll besitzfähig, wehrfähig und beim Thing stimmfähig. Insofern erweisen sich die germanischen Thingversammlungen, die gerne als protodemokratisches Instrument der archaischen germanischen Kultur bis hin zum isländischen »Freistaat« des Hochmittelalters aufgefasst werden, nur als stark ständischen Prinzipien unterworfenes Mittel kleinräumiger Selbstverwaltung, das noch dazu einen fatalen Schwachpunkt aufwies: Neben der durch das Thing ausgeübten legislativen (gesetzgebenden) und judikativen (gesetzsprechenden) Funktion fehlte ihr nämlich der exekutive (ausübende) Arm. Wer Recht bekam in einer Gesellschaft ohne zentrale Herrscher, musste sich dann dieses Recht auch noch selbst holen – mit welchen verheerenden Folgen, zeigen die isländischen Fehden vom 10. bis ins 13. Jh. Dagegen war die Funktion des Things in gesetzgebender Hinsicht durchaus hilfreich, half doch die Diskussion und der Rekurs auf die Traditionen der Versammlung aller Männer dem Finden eines Konsenses in Rechtsfragen, der der Überlieferung genauso wie neuen Anforderungen gerecht werden konnte.

Dagegen war im Kriegswesen die germanische Gesellschaft in keiner Weise von demokratischen Formen, sondern ganz ausdrücklich von hierarchischen Strukturen geprägt. Es will scheinen, dass ökonomische, militärische und sakrale Kriterien gleichermaßen für die Ausbildung

einer Adelsschicht um den Beginn der Zeitenwende relevant waren. Die ökonomischen Bedürfnisse bestanden in
der Notwendigkeit der Versorgung eines großen Gefolges
von Kriegern, die militärischen manifestierten sich in der
Notwendigkeit von Kriegszügen zur Garantie ökonomischer Überlegenheit sowie zur sozialen Kontrolle des
kriegerischen Gefolges, und Teil der sakralen Kriterien
war die Funktion des Häuptlings, der als Kultprotagonist
und damit gleichzeitig als Garant für den Erfolg militärischer und ökonomischer Planung mit Hilfe der jenseitigen
Mächte auftrat. Sehr kleinräumige Kult- und Reichtumszentren scheinen in Südskandinavien am Beginn der römischen Kaiserzeit zusammenzufallen, und bis zur Merowingerzeit ändert sich daran nur die Größe der Einheiten,
weg von lokaler Bedeutung hin zu regionaler. In Dänemark entsprachen diese Einheiten am Beginn der Wikingerzeit in etwa den größeren Inseln oder Landschaften,
welche im 10. Jh. durch Könige mit dem Ziel einer Zen-
tralgewalt zu einem Reich (wohl gewaltsam) vereinigt
wurden.

Bei den wandernden germanischen Stämmen der Völkerwanderungszeit stellt sich das Problem anders dar: Da
weder feste geographische Räume noch einheitliche ethnische Gruppierungen länger feststanden, fungierte der Adel
selbst oder auch nur einzelne Familien daraus als Kern, als
»Traditionskern« für Gruppierungen, welche nicht unbedingt ethnisch oder auch nur geographisch definiert werden konnten. Das Wesentliche war an dieser Form des
Adels seine »Herkunft« von mythologisch oder kriege-
risch relevanten Göttern und Helden, deren »gutem Namen« sie aber gerecht werden mussten, um die Gruppe in
ökonomischer, militärischer und wohl auch kultischer
Hinsicht zusammenhalten zu können. Hierbei zählten
dann nur die Selbstdefinition und der Name des Tradi-
tionskerns, ethnische Zugehörigkeiten im heutigen Sinn
waren dabei eher irrelevant.

Der wohl mit dem *thiudans* zu identifizierende (Klein-)König (lat. *rex*) war laut Tacitus aus dem Adel gewählt worden (*ex nobilitate*) und hatte möglicherweise auch religiöse Funktionen inne, während ein Heerkönig (lat. *dux*) eine Gruppe in Kriegszeiten befehligte; dieser *reiks* (das Wort könnte dem Keltischen entlehnt sein[11]) wurde angeblich nach seiner Tapferkeit gewählt, während die Herkunft (zumindest laut Tacitus) hier keine Rolle gespielt haben soll. Sowohl diese wandernden Traditionskerne als auch die südskandinavischen Häuptlinge (bzw. Kleinkönige) funktionierten nur im Zusammenspiel mit einem festen Verband von an sie (wenn auch nicht lebenslänglich) gebundenen freien Kriegern, dem *comitatus*, der in einer gegenseitigen Abhängigkeit zum Adel stand, der nicht nur durch ökonomische Zwänge, sondern auch durch ein Gefühl der (wohl vorrangig militärisch definierten) Ehre geprägt war. Für die unbedingte Unterstützung des Gefolgsherren konnten die Gefolgsleute in ökonomischer Hinsicht Schutz und Unterhalt, Bewaffnung, Beuteanteile und auch Geschenke erwarten. Neben der rein militärischen Funktion des Gefolges ist seine repräsentative Funktion nicht zu unterschätzen, stieg doch auch das Ansehen des Gefolgsherrn mit der Größe seines Gefolges. Gefolgschaft im engeren Sinn war wohl als die unmittelbare Hausgefolgschaft von Fürsten zu sehen, wie sie uns in der germanischen Heldensage (besonders im *Beowulf*, aber auch einigen Heldensagas der altnord. Literatur) idealtypisch entgegentritt; nur in einem weiteren Sinn wird als Gefolgschaft aber auch das gesamte kriegerische (und daher wohl recht umfangreiche) Gefolge auf Heerzügen bezeichnet.

Wenn schon Tacitus (*Germania* 15) den germanischen Adel seiner Zeit, abgesehen von der Kriegsführung, nur mit Nichtstun und Jagd beschäftigt sieht, dann dürfte das

---

11 Patrick J. Geary, *Before France and Germany. The Creation and Transformation of the Merovingian World*, New York / Oxford 1988, S. 55 f. und 61 f.

nicht weit von der Wirklichkeit entfernt sein, allerdings auch nicht von der römischen, die er damit vielleicht ebenso kritisieren wollte.

Die unterschiedlichen Formen germanischer Eheschließung dürften sich schon lange vor der Christianisierung herausgebildet und diese zum Teil unbeschadet überstanden haben: nur *eine* Form der Ehe hatte innerhalb des Adels dynastische Relevanz, bei den Freibauern erbrechtliche, nämlich die vollgültige Vertragsehe, die auf einem Vertrag nicht der Ehepartner, sondern der beiden Familien beruhte. Daneben waren aber auch noch ganz andere Formen der rechtsgültigen Ehe wie die Friedelehen (als vertragslose, aber dauerhafte Liebesbeziehungen), Raub- und Entführungsehen und sogar selbstbestimmte Witwenehen möglich. Bei der Vertragsehe wurde die Frau aus der *Munt* (dem Schutz und der Vormundschaft) ihres eigenen Familienoberhauptes in diejenige des Ehegatten übergeben, was mit Verträgen, dem Brautpreis, der Mitgift und der Morgengabe bestätigt wurde (vgl. dazu schon Tacitus, *Germania* 18). Kinder aus einer derartigen Verbindung waren vorzugsweise erbberechtigt, aber von einer alleingültigen Form dieser Ehe oder auch nur von der Einehe scheint in germanischer Zeit keine Rede zu sein, da Gemeinschaften mit Nebenfrauen (Kebsfrauen) und andere Formen des Konkubinats, besonders mit unfreien Frauen, auch neben einer solchen Vertragsehe gepflegt werden konnten. Erst in karolingischer Zeit wird unter katholischem Einfluss die Polygamie immer weiter zurückgedrängt und die kirchlicherseits favorisierte, weil kontrollierbare Muntehe setzt sich bis zum Mittelalter als »die rechte Ehe« durch. Was Tacitus darüber hinaus über die Sittsamkeit der germanischen Frau sagt, ist deutlich geprägt von seiner kritischen Einstellung gegenüber den »dekadenten« Zuständen im Römischen Reich, und was er gar von Ehebrechern und Ehebrecherinnen sagt, hat man zwar mit Hilfe von Moorleichenfunden (z. B. besonders solchen mit teilweise abrasierten Haaren) bestätigen wollen, allerdings haben sich diese Funde nicht immer als so aussagekräftig erwiesen wie früher angenommen.[12]

Offenbar sammelte schon Tacitus ganz bewusst Besonderheiten der germanischen Gesellschaft, in welchen sie von der römischen abwich, da die folgenden Kapitel der *Germania* (19–22) eine weder umfassende noch systematische Schilderung der gesellschaftlichen Zustände bringen, sondern eher einzelne Merkwürdigkeiten hervorzuheben scheinen. Dazwischen sind allerdings auch immer wieder deutlich moralisierende Passagen eingestreut (bes. 20), so über das ungezwungene und gesunde, wenn auch schmutzige Aufwachsen der Kleinkinder, das späte Einsetzen jugendlicher Sexualität – beides von der Antike bis zur Gegenwart beliebte Topoi der ethnographischen Beschreibung barbarischer Völker. Interessant ist dabei allerdings, dass er etwa die Kindesaussetzung als von den Germanen abgelehnt beschreibt, während bei der Christianisierung Islands im Jahre 1000 genau dieser Brauch als Ausnahme von den christlichen Gesetzen festgelegt wurde, also zumindest theoretisch auch weiterhin straffrei bleiben sollte. Andererseits hat die starke Rolle des Mutterbruders für die Söhne der Schwestern zweifellos Grundlagen in der germanischen Gesellschaft (wie auch in den meisten anderen indoeuropäischen Gesellschaften) und war noch im Mittelalter relevant, und zwar nicht nur im Falle der Verwaisung, sie hatte auch in Form der Mutterbrüder als Ziehväter außerhalb des eigenen Familienverbandes eine nicht unwesentliche Bedeutung.

Im Bereich von Fehden und Recht hat schon Tacitus die Institution des Wergelds als Möglichkeit zur Buße selbst von Kapitalverbrechen recht zutreffend beschrieben (*Germania* 21): »Feindschaften […] dauern nicht unver-

---

12 Michael Gebühr, »The Holsteinian Housewife and the Danish Diva: Early Germanic Female Images in Tacitus and Cementery Evidence. Dedicated to the Memory of Albert Genrich«, in: *Norwegian Archeological Review* 30,2 (1997) S. 113–122.

söhnlich an. Denn selbst ein Totschlag kann durch eine bestimmt Zahl von Vieh oder Kleinvieh gebüßt werden, und das ganze Haus (d. h. die ganze Sippe) erhält die Genugtuung.« Hier wird neben den in allen germanischen Rechten festgeschriebenen Wergeldzahlungen als Ausgleichszahlungen für Verletzungen oder Totschläge auch die germanische Sippenhaftung angesprochen, in der Fehden die Angelegenheit der gesamten Großfamilie waren, wobei ein festes System der Verwandtschaftsgrade auch den Grad der Verantwortlichkeit sowohl für die Genugtuung als auch für die Rachepflicht festlegen konnte.

Die Beschreibung der beinahe sprichwörtlichen germanischen Gastfreundschaft bei Tacitus hat sich bei näherer Untersuchung als übertrieben herausgestellt, auch wenn Gastfreundschaft wohl wegen der damit verbundenen Freigebigkeit als lobenswerte Eigenschaft angesehen wurde. Zwar etablierte die Aufnahme als Gast ein Schutzrecht durch den Hausherrn, aber weder konnte diese Gastfreundschaft etwa durch formale Mittel erzwungen werden, noch scheint die Schutzpflicht als sonderlich heilig aufgefasst worden zu sein. Wie bei den Kelten wurde nämlich der vermeintliche Schutz durch das Gastrecht laut den literarischen Quellen erstaunlich oft zu Mordanschlägen auf Personen, ganze Gefolge oder Familien missbraucht.[13]

## Kriegsführung

Nicht nur die germanische Gefolgschaft, ihre Gliederung und Größe, sondern auch die Bewaffnung der germanischen Krieger der Frühzeit ist auf Grund der Grabfunde, mehr noch aber der riesigen Waffenbeuteopfer (s. darüber mehr in Kapitel 9 über die Religion) inzwischen bestens

---

13 Leopold Hellmuth, *Gastfreundschaft und Gastrecht bei den Germanen*, Wien 1984, S. 349 f.

bekannt. Mehr als in jedem anderen Bereich bedeutet für
die Bewaffnung die Entwicklung der Eisenverarbeitung in
der ältesten germanischen Zeit einen echten technischen
Fortschritt, da die Waffen härter und bruchfester wurden;
von einer den Römern »weit überlegenen«[14] Bewaffnung
der Germanen um die Zeitenwende kann allerdings überhaupt keine Rede sein, die Entwicklung von Stählen und
Damaszierungen erfolgte erst langsam und im Laufe der
ganzen Völkerwanderungszeit. Zu einer vollständigen Bewaffnung (die aber keineswegs alle Krieger besaßen) der
Germanen in Südskandinavien während der römischen
Kaiserzeit gehörten Schwert und Schild, Dolch, Lanzen
(der Frame, latinisiert *framea*) sowie Bogen und Pfeile mit
Eisenspitzen, die aber noch keine (wie dann später im
Mittelalter üblich) große Spezialisierung aufwiesen. Mehrere kleine Wurfspieße für die Fußsoldaten erwähnt schon
Tacitus (*Germania* 6). Das oftmals als typisch germanisch
betrachtete einseitige Kurzschwert (mit einer Klingenlänge von 25 cm bis zu 50 cm), das übrigens vor der Neuzeit
nur im Altnordischen als *Sax* bezeichnet wurde, ist allerdings erst in der Merowingerzeit bei den Franken archäologisch nachweisbar und dürfte sich aus einem schon um
die Zeitenwende weit verbreiteten ähnlich aussehenden,
aber anders hergestellten und nur im Skandinavien der
Eisenzeit gebräuchlichen einschneidigen Hiebschwert und
dem keltischen Kampfmesser entwickelt haben.[15] Althochdt. *sahs* bedeutet jedoch in erster Linie ›Messer‹ (wogegen wiederum unser Wort Messer aus ahd. *maz-sachs*
›Speise-Messer‹ entstanden ist) und erst sekundär den Sax,
der übrigens nicht mit dem Völkernamen der Sachsen zu-
sammenhängt. Schon Tacitus erwähnt (*Germania* 43) *bre-
ves gladii*, also kurze Schwerter, besonders für die östlichen Germanen, aber diese Einschränkung ist aus archäo-

14 Geary (wie Anm. 11), S. 49.
15 Bruno Krüger, *Die Germanen*, Berlin 1976, Bd. I, S. 337 f.

logischer Sicht haltlos, denn die germanischen Schwerter der römischen Kaiserzeit unterschieden sich in der Länge kaum vom römischen Kurzschwert, dem *gladius*, mit einer Klingenlänge von 50 bis 60 cm; vielleicht bezieht sich aber schon Tacitus nur auf den noch in der Wikingerzeit wirksamen Topos, dass kürzere Schwerter größere Tapferkeit verlangten. Das ursprünglich wohl von den Kelten entlehnte germanische zweischneidige Langschwert war jedenfalls um die Zeitenwende unter den Germanen nicht mehr gebräuchlich. Längere Schwerter kamen unter dem Einfluss des spätrömischen Langschwerts, der *spatha*, wohl wegen des vermehrten Einsatzes germanischer Hilfstruppen, am Ende der römischen Kaiserzeit und in der frühen Völkerwanderungszeit bei den Germanen wieder in Mode, wobei die Klingen von 70 bis knapp 90 cm lang sein konnten. Bei den Schilden waren die metallenen Schildbuckel in der Mitte der ovalen, erst später runden Schilde, die dem Schutz des Handgriffs dienten, in ihrer Entwicklung großen Veränderungen der Form unterlegen, welche allerdings die Datierungen erleichtern.

Was die Waffenausstattung der verschiedenen Stämme anbelangt, so haben die Moorfunde der Waffenopfer gezeigt, dass die Größe solcher Armeen erstaunlich konstant gewesen sein dürfte, obwohl die Invasoren zum Teil auch von außerhalb Jütlands stammten; die Ausrüstung des Waffenopfers von Illerup Å in Südjütland weist nach Westschweden oder Südnorwegen. So bestand etwa eine besiegte Armee im 4. Jahrhundert wie die im Waffenbeuteopfer von Ejsbøl in Südjütland aus 9–10 Berittenen und 60 Fußkämpfern mit Schwertern, Messern, Schilden, Speeren und Lanzen, während 140 weitere Krieger zu Fuß nur mit Wurfspeeren, Lanzen und Schilden ausgerüstet waren[16], sodass von einer Armee aus etwas mehr als 200 Mann nur

---

16 Mogens Ørsnes, »Der Moorfund von Ejsbøl bei Hadersleben und die Deutungsprobleme der großen nordgermanischen Waffenopferfunde«, in:

10 beritten waren. Diese Unterschiede in der Bewaffnung
dürften die Schichten der Adeligen (Berittenen), Vollfreien
und Halbfreien als ständische Pyramide repräsentieren.
Tacitus nennt zwar Zahlen in anderen Größenordnungen,
aber in ganz ähnlichen Verhältnissen (*Germania* 6: 100
Reiter auf 2000 Fußsoldaten in je einem *pagus* der Sueben,
also ebenfalls 1 : 20), und selbst die wohl eher übertriebe-
nen römischen Angaben für das stehende Heer des marko-
mannischen Heerkönigs Marbod (gest. 41 n. Chr.) mit
4000 Reitern und 70000 Fußsoldaten spiegeln ganz grob
diese Relation wider (Velleius Paterculus 2,109).

Die Nutzung des Pferds als Reittier bei den Germanen
geht auf die älteste Zeit zurück, wobei die für heutige Verhältnisse sehr kleinen Pferde vor allem im Kampf eingesetzt wurden, nicht jedoch als Zugtiere für Pflüge und
wohl auch kaum für Wagen. Tacitus spricht (*Germania* 6)
verächtlich von der Hässlichkeit, der Langsamkeit und
dem mangelnden Drill der germanischen Pferde. Wie aber
(ohne Dressur) in diesem Kontext die vielfach belegten
Pferdekämpfe zu beurteilen sind – auch ob sie etwa kultische Ursprünge im Bereich der Prognostik hatten –, ist
nach der Quellenlage nur schwer zu beantworten. Dass das
Pferd dagegen als Zugtier nur geringe Bedeutung hatte, hat
mit technischen und religiösen Voraussetzungen zu tun.
Das gepolsterte effiziente Pferdekummet wurde nämlich
erst im Mittelalter gebräuchlich, und von einem für Pferde
unpassenden Holzjoch kam man erst in der Wikingerzeit
auf eine Lösung mit Brust- und Bauchgurt; vorher wurden
Pflüge wohl nur von Ochsen gezogen. Größere Bedeutung
für den offenbar nur geringen Einsatz des Pferdes als land-
wirtschaftliches Zugtier mag aber die weit verbreitete und
gut belegte kultische Funktion des Pferdes haben, das etwa
in Südskandinavien eine viel größere Bedeutung als Opfer-

---

Herbert Jankuhn (Hrsg.), *Vorgeschichtliche Heiligtümer und Opferplätze
in Mittel- und Nordeuropa*, Göttingen 1970, S. 172–187, hier: 185 f.; ders.,
»Ejsbøl«, in: RGA 7 (1989) S. 67–77.

tier hatte als das Rind. Nicht von ungefähr stellen unsere
Beispiele für Pferdegespanne aus vor- und frühgeschichtlichen Modellfunden in erster Linie Kultwagen dar (Kultwagen von Trundholm, allerdings bronzezeitlich, Sonnen-
wagen; Fund von Husby, 1. Jh.?, Repräsentations- und
Grabwagen; Osebergteppich, 9. Jh., Kult-, Toten- oder Re-
präsentationsfahrzeuge). Das Pferd war – als wichtigstes
Opfertier des öffentlichen Kults – so sehr mit dem religiösen Leben verknüpft, dass der Verzehr von Pferdefleisch
noch für die Missionare in Hessen und Sachsen ebenso wie
in Skandinavien ein typisches Zeichen germanischen Hei-
dentums war. Tacitus verliert erstaunlicherweise kein Wort
über die religiöse Bedeutung des Pferdes, dagegen berichtet
er (*Germania* 40) zumindest im kultischen Bereich von
Rindern als Zugtieren für Wagen, wie wir sie etwa schon
für das 1. Jh. v. Chr. aus dem Moorfund von Dejberg (Jütland) kennen. Neben diesen (wohl unter keltischem Einfluss stehenden?) vierrädrigen Wagen mit Speichenrädern
waren auch zweirädrige Karren und vierrädrige Wagen mit
hölzernen Scheibenrädern von etwa 40 bis 70 cm Durch-
messer[17] in Verwendung, von denen wir sowohl die Rad-
spuren (mit einer weitgehend »genormten« Spurweite von
etwa 120 cm) als auch zahlreiche als Opfer deponierte Rä-
der (wie im Moorfund von Rappendam auf Seeland) kennen. Auf der Wanderschaft germanischer Stämme schon
vor der Zeitenwende wurden aber offenbar massivere und
vierrädrige Wagen verwendet, für die man eine Tragfähig-
keit von zwischen 300 bis max. 1100 kg errechnet hat.[18] Bei
antiken Autoren (Caesar, *De bello Gallico* II,51; IV,14;
Orosius V,17 und VI,21,17; Strabon VII,294; Plinius, *His-*

---

17 Georg Kunwald, »Der Moorfund im Rappendam auf Seeland«, in: *Prae-
historische Zeitschrift* 45 (1970), S. 43–88, hier: 66.
18 Eckhard Meineke / Heiko Steuer / Heinrich Beck / E.-E. Joachim / Walter Janssen, »Fahren und Reiten«, in: RGA 8 (1994), S. 150–167; Hajo
Hayen, »Handwerklich-technische Lösungen im vor- und frühgeschichtlichen Wagenbau, in: Herbert Jankuhn [u. a.], *Das Handwerk in vor- und
frühgeschichtlicher Zeit*, Bd. II, Göttingen 1983, S. 415–470, hier: 447–449.

*toria naturalis* VIII,143) ist sowohl für die Züge der Kimbern und Teutonen als auch für die Sueben von Wagenburgen die Rede.[19] Daneben wurden auch noch in der römischen Kaiserzeit selbst in Skandinavien vierrädrige leichte Wagen vom keltischen Typ benutzt, wie der Fund von Husby aus Schleswig belegt, der aber wohl als Repräsentationswagen zu deuten ist.

## Seefahrt und Schiffbau

Üblicherweise stellt man sich die Germanen vor der Völkerwanderungszeit nicht gerade als typische Seefahrer vor, aber sowohl die topographischen Gegebenheiten Südskandinaviens wie der Nord- und Ostseeküste des Kontinents machen klar, welche Bedeutung die Seefahrt zumindest für die küstennahen Gruppen hatte. Wenn auch von »germanischer Seegeltung«[20] während der römischen Eisenzeit im Vergleich mit der Dominanz der römischen Flotten überhaupt keine Rede sein kann und selbst Tacitus kein Wort über germanische Schiffe zu sagen hat, so weisen doch historische wie archäologische Quellen auf nicht unbeträchtliche Aktivitäten in der küstennahen Schifffahrt hin: Die Franken wie die Sachsen treten erstmals als Seeräuber an den Atlantikküsten ins Licht der Geschichte, die Heruler waren offenbar sowohl auf der Nordsee als auch auf dem Schwarzen Meer der Piraterie nachgegangen, und selbst die »erstaunlich seeuntüchtigen Goten«[21] haben sich auf dem Schwarzen Meer zu Schiff auf Plünderungszüge aufgemacht. Dies sind aber nur Episoden, denn die tatsächliche Seegängigkeit germanischer Stämme zeigt sich in Südskandinavien und Friesland: Die

---

19 Krüger (wie Anm. 15), S. 186.
20 So Felix Genzmer, *Germanische Seefahrt und Seegeltung*, München 1944.
21 Herwig Wolfram, *Die Goten. Von den Anfängen bis zur Mitte des sechsten Jahrhunderts*, München ³1990, S. 179, vgl. auch 176 f.

Friesen hatten sich wohl schon vor der Merowingerzeit zur ersten Händlernation Westeuropas aufgeschwungen, auch wenn wir bislang nur von karolingischen Münzen einen (sehr unvollständigen) Einblick in den friesischen Schiffsbau bekommen und Schiffsfunde aus dieser Region bislang fehlen. Die archäologisch reich belegten kriegerischen Auseinandersetzungen der Eisenzeit in der dänischen Inselwelt waren offenbar durchweg und notwendigerweise von maritimen Operationen geprägt. Schon für die allerälteste germanische Periode liegt dazu aus Dänemark ein beeindruckender Schiffsfund vor: Das im Rahmen eines Waffenopferfundes im Moor von Hjortspring (Nordjütland) versenkte 15 m lange Boot aus fünf dünnen Holzplanken wurde gepaddelt (und noch nicht gerudert oder gesegelt). Das Frappierendste ist aber die äußere Form, die weitgehend mit den deutlich älteren Schiffen der skandinavischen Felszeichnungen aus der späten Bronzezeit (also ab 1200 v. Chr.) übereinstimmt und zeigt, dass dieses aus Lindenholzplanken zusammengenähte Boot auf eine wohl über tausendjährige einheimische Bootsbautradition zurückblicken konnte.[22]

Obwohl 700–800 Jahre jünger, lässt das aus der Zeit um 400 stammende Schiff aus dem Moor von Nydam (Schleswig-Holstein) die Entwicklungslinien eines sich deutlich entfaltenden skandinavischen Schiffbaus erkennen. Das größte (und einzige halbwegs gut erhaltene) der 1863 im Moor von Nydam gefundenen Schiffe ist aus Eichenholz, über 23 m lang, über 3 m breit und war für 28–30 Ruderer ausgelegt; es ist heute im Schloss Gottorf in Schleswig zu sehen. Die Kenntnisse über ein weiteres der 1863 gefundenen, aber teilweise durch die Kriegswirren des preu-

---

22  Carl Johan Becker, »Die zeitliche Stellung des Hjortspringfundes innerhalb der vorrömischen Eisenzeit in Dänemark«, in: *Acta Archaeologica* 19 (1948) S. 145–187; Flemming Kaul, »Ships on Bronzes«, in: Ole Crumlin-Pedersen und Birgitte Munch Thye (Hrsg.), *The Ship as Symbol in Prehistoric and Medieval Scandinavia*, Copenhagen 1995, S. 59–70.

ßisch-österreichisch-dänischen Krieges verlorenen Schiffe konnte durch Nachgrabungen 1993–96 teilweise ergänzt werden, und es hat sich als Kiefernholzschiff von knapp 19 m Länge und 3 m Breite für etwa 22 Ruderer erwiesen.[23] Diese völkerwanderungszeitlichen Schiffe, die wohl etwa den Schiffstyp repräsentierten, mit dem die Stämme der Angeln und Sachsen nach Britannien auswanderten, sind im Gegensatz zum Hjortspringboot bereits konsequent auf einem Kiel gebaut, und zwar aus geklinkerten (also überlappenden) Planken, die durch Eisennieten verbunden sind. Diese Schiffe wurde auch nicht mehr gepaddelt, sondern gerudert, von einer Takelage findet sich allerdings noch keine Spur. Jedoch weist ein in den 90er Jahren gefundendes Seitenruder schon deutliche Gemeinsamkeiten mit dem seitlichen Ruder wikingerzeitlicher Schiffe auf, welches durchweg steuerbords angebracht war (daher kommt auch der Begriff Steuerbord).

Dennoch hat die durch das Hjortspringboot repräsentierte Technik des gestreckten Einbaums mit aufgesetzten Seitenbrettern (aus dem sich letztlich auch das Plankenschiff entwickelte) bis in die Karolingerzeit den Schiffsbau in Westeuropa außerhalb Skandinaviens dominiert, wie bislang etwa zehn Funde von Schiffen des sogenannten Utrecht-Typs in den Niederlanden und sogar in der Themsemündung zeigen: Sie sind zwar durchweg Lastschiffe von immerhin knapp 18 m Länge, aber die Konstruktion beruht immer noch auf einem mächtigen, ausgehöhlten und gedehnten Baumstamm als Kielplanke, und diese archaische bauliche Eigenheit begrenzte sicherlich das Größenwachstum dieses Schiffstyps.[24]

23 Flemming Rieck, »Die Schiffsfunde aus dem Nydammoor«, in: Bemman, Güde und Jan (Hrsg.), *Der Opferplatz von Nydam. Die Funde aus den älteren Grabungen Nydam-I und Nydam-II*, Neumünster 1998, Bd. I, S. 267–292.

24 Aleydis van der Moortel, »Shipbuilding and Navigation in the Rhine Delta during the Late Viking Age«, in: *Vikings on the Rhine*, hrsg. von Rudolf Simek und Ulrike Engel, Wien 2003, S. 39–49.

Ganz im Gegensatz zu diesen recht spektakulären Schiffsfunden war für die römischen Autoren der Einbaum (lat. *linter*, auch *trog*) das typische Wasserfahrzeug der Germanen, was sich aber wohl fast ausschließlich auf die Binnenschifffahrt beziehen dürfte, selbst wenn Plinius (*Historia naturalia* XVI,76) Einbäume germanischer Seeräuber (*Germaniae praedones arboribus cavatis navigant*) beschreibt, die eine Besatzung von 30 Mann gehabt hätten, ähnlich auch Tacitus (*Historiae* V,23). Allerdings ist damit nicht ausgesagt, ob es sich um einfache Typen von Einbäumen oder (wie anzunehmen) schon solche mit Setzborden handelte.

## Kleidung und Schmuck

Ein auch heute immer wieder aufgegriffener Aspekt ist die Kleidung und Haartracht der Germanen, nicht zuletzt, weil wir über das äußere Erscheinungsbild von Germanen sowohl durch römische Darstellungen als auch durch Moorfunde wenigstens für die römische Kaiserzeit schon relativ gut Bescheid wissen (wobei die Triumphsäulen mit Germanendarstellungen in erster Linie im 2. Jh. errichtet wurden: die Trajanssäule 113, die Markussäule vor 193 und das Tropaeum Traiana aus Adamklissi vor 109). Danach wurden männliche Germanen zwar durchweg bärtig dargestellt (was aber auch am Barbarentopos und somit an der Sichtweise der Römer selbst lag), aber von Funden von Moorleichen wissen wir, dass selbst vornehme Männer auch glatt rasiert sein konnten. Dagegen ist der sogenannte Suebenknoten der Männer, ein Haarknoten über der rechten Schläfe, sowohl ikonographisch als auch archäologisch bezeugt, war aber wohl nur regional verbreitet; Tacitus ordnet ihn den Sueben des Elbegebiets zu (*Germania* 38). Die Tracht der Männer bestand aus Hosen (wobei es sich bei einem häufig abgebildeten Stück aus dem Moorfund von Thorsberg eigentlich um eine Strumpfhose handelt), einem hemdartigen, teils gegürteten Kittel und einem an der Schulter geschlossenen Mantel darüber. Als Barbaren werden die Germanen in der römischen Ikonographie oft genug als bis auf ihre Hosen nackt und dennoch bewaffnet dargestellt, dies geht aber nicht zuletzt auf die Beschreibung antiker Autoren zurück, die Germanen würden mitunter halbnackt in den Kampf ziehen. Die Frauentracht scheint über Jahrhunderte relativ konservativ geblieben zu sein, wobei ein bodenlanges, gefälteltes ärmelloses Kleid das Hauptkleidungsstück bildete, das an den Schultern mit Fibeln zusammengehalten wurde, wogegen ein Übermantel durch eine Fibel auf der Brust geschlossen wurde; Mäntel aus Funden zeigen, dass sie sehr weit geschnitten waren und bis zu 3 × 1,5 m maßen, wozu noch die ebenfalls gut belegten Pelzumhänge aus Schaffell (nicht aber aus Wilddecken) kamen. Daneben finden sich in der Frauentracht auch sehr kurze eisenzeitliche Röcke (wie Exemplare aus Windeby und Damendorf, beide in Schleswig-Holstein, zeigen), die mit dänischen Funden aus der Bronzezeit die geringe Länge von unter 30 cm gemeinsam haben. In beiden Fällen dürfte es sich dabei aber um die Trachten von jungen Mädchen gehandelt haben, das Alter der Moorleiche von Damendorf etwa wird mit 14 Jahren angegeben. Die Bemerkung des Tacitus (*Germania* 17), auch die Frauen hätten Hosen getragen, hat sich jedenfalls archäologisch nicht erhärten lassen und ist wohl falsch. Dagegen haben Funde von Textilien in Mooren gezeigt, dass die Webtechnik von Wollstoffen schon in der Eisenzeit weit entwickelt war und man gerade den Säumen mit gewebten oder geflochtenen Borten an Mänteln und Kleidern große Aufmerksamkeit zukommen ließ.[25]

An Schmuck sind bei den Frauen die Fibeln am auffälligsten, die einer deutlichen stilistischen Entwicklung fol-

---

25  Krüger (wie Anm. 15), S. 154 ff. und 326 ff.

gen und daher ein sehr brauchbares Datierungskriterium bieten, auch wenn einzelne Stücke natürlich über mehrere Generationen in Gebrauch gewesen sein könnten. Da aber die Fibeln zu der üblichen Grabausstattung als privatem Besitz der Frau gehörten, ist die Beschränkung auf eine Besitzerin wohl der Regelfall. Frauen und Männer trugen Arm- und Halsringe, wobei schwere Ringe zwar auch kultische Zwecke haben konnten (Tempelringe; vielleicht auch der gotische Goldring von Pietroasa aus dem frühen 5. Jh.), aber gerade Halsringe aus Edelmetallen immer auch Statussymbole darstellten. Die in der *Germania* 15 von den Kriegern als Geschenke akzeptierten Brustgehänge und Ringe (*Phalerae torquesque*) gehen eindeutig auf den römischen Brauch zurück, allerdings wissen wir zumindest von der Wikingerzeit, dass Silberringe (literarisch auch goldene, die aber kaum belegt sind) als begehrte Gabe nicht nur für die Krieger, sondern etwa auch für die Skalden galten.

## Nahrungsmittel

Tacitus geht in seiner *Germania* elegant von der Kleidung (mit der er vor allem die der Frau assoziiert haben dürfte) über Ehe, Erziehung und Erbrecht, Gastfreundschaft und Gelage zum Alltagsleben mit den Angaben zu Essen und Trinken über (*Germania* 23), was in wenigen Zeilen abgehandelt wird, denn außer dass die Germanen Bier (er spricht von vergorenem Gersten- oder Weizensaft) und geronnene Milch tränken und sich sonst von wildem Obst und Wildbret nährten, weiß er nichts dazu zu sagen. In Letzterem irrt er aber, wie die archäologischen Befunde zeigen, denn seit der jüngeren Steinzeit bis zur Völkerwanderungszeit bleibt der Anteil an Wildbret an der Diät konstant unter 2 Prozent, was so viel heißt, dass die Jagd zwar zweifellos als Sport betrieben wurde, aber als Methode der

Nahrungsbeschaffung eine nur geringe Rolle spielte. Auch das wilde Obst soll wie die Jagd auf den ursprünglicheren Naturzustand der Germanen hindeuten und hat kaum reale Bedeutung. Dagegen waren der Genuss von Bier und Molkegetränken (besonders Sauermilch) für die Römer tatsächlich etwas Exotisches, das sicherlich erwähnenswert war und die Germanen auszeichnete. In der Tat war das Bier schon spätestens seit der frühen Eisenzeit bekannt, daneben bewahren Reste von Getränken in Hörnern und anderen Gefäßen aus Gräbern in Schleswig-Holstein und Dänemark auch noch Reste des aus Honig vergorenen Mets (auch dies für westeuropäische Autoren des Mittelalters etwas so Unübliches, dass es noch im 12. Jahrhundert erklärt werden musste; vgl. William von Malmesbury, *Gesta Regum Anglorum* II,12, vor 1143) und andere Getränke, z. B. aus Gerste, Preiselbeeren, Moosbeeren und Porst (Letzteres wurde vor dem Mittelalter allgemein statt Hopfen verwendet). Was Tacitus, wohl im Zusammenhang mit der Betonung der germanischen Trunksucht, auch schon erwähnt, ist der rege Weinhandel zwischen dem Mittelmeerraum und Nordeuropa, der schon vor die germanische Zeit zurückreicht und sich in historischen Zeiten stärker auf gewürzte, süße Weine konzentrierte. Als sich mit dem Vordringen des Christentums auch der Weinbau nach Norden ausbreitete, weil die Kirche Wein (auch) für liturgische Zwecke benötigte, wurde saurer Weißwein im Frühmittelalter selbst am Niederrhein bis Xanten hin kultiviert; daneben war aber Obstwein noch im Mittelalter verbreiteter als der Traubenwein, beides waren abgesehen von Skandinavien aber Alltagsgetränke. Im Unterschied zu den Römern tranken die Barbaren den Wein (offenbar auch auf ihren Zügen durch Südeuropa) jedoch nicht mit Wasser vermischt, was den Topos von ihrer Trunksucht für die römischen Kommentatoren konkret untermauerte.

Die germanischen Speisen fand schon Tacitus trotz verschiedener Hinweise auf Ess- und Trinkgelage zu uninteressant, um sie auch nur zu erwähnen. Die in *Germania* 5 von ihm erwähnte Bedeutung der Rinderzucht lässt jedoch Rückschlüsse auch auf die Diät der rechtsrheinischen Germanen zu, über die aber inzwischen aus archäologischen Funden viel konkreteres Material vorliegt, nicht zuletzt aus dem Mageninhalt von Moorleichen, in dem Fleisch eine erstaunlich untergeordnete Rolle spielte. Hauptnahrungsmittel war nämlich offenbar in der römischen Eisenzeit in Norddeutschland ein Getreidebrei, der aber keineswegs nur kultivierte Getreidesorten aufwies, sondern auch mit zahlreichen wilden Getreidesorten, selbst solchen, die heute als Unkraut bezeichnet würden, vermischt war. Dazu kam eine nicht unbeträchtliche Verunreinigung durch den Mahlvorgang, der im einzelnen Haus mit Hilfe kleiner Handmühlen (seit dem 1. Jh. sind dies Drehmühlen) vorgenommen wurde, sodass dieser Brei eine beträchtliche Belastung für die Zähne darstellte; Getreidebrei spielte aber lange eine größere Rolle als Fladenbrot oder Brot.

Wenn Fleisch wohl nur eine Feiertagsspeise darstellte, dann war sicher Fisch je nach den geographischen Gegebenheiten ein verbreitetes Zubrot, wie wir aus den in Skandinavien schon seit der mittleren Steinzeit verbreiteten Funden von Fischgräten wissen. Dass Tacitus Fische gar nicht erst erwähnt, liegt weniger an seiner Unkenntnis als vielmehr am geringen Stellenwert des Fisches in der germanischen Küche: Wo die römische Kochkunst durchweg auf Fischsud aufbaute, wurde diese Basis im Norden in erster Linie von Rindsuppe und zum Teil auch vom Bratensaft gebildet.

Noch im skandinavischen Mittelalter nahm man die Mahlzeiten auf Tischen ein, welche aus längs des Langfeuers auf Böcke gelegten Brettern bestanden, die lange Tafeln bilden konnten, auch wenn für sie im Altnord. *borð* im Singular wie Plural verwendet wurde; die von Tacitus angesprochenen Einzelsitze und Einzeltische hat es zwar gegeben, wie etwa die Funde eines hölzernen (Prunk-?)Tisches mit Hocker aus Fallward und der hölzerne (Thron-?)Sessel aus Feddersen Wierde bestätigen, sie waren aber nicht die Regel.

Die Gabel wurde erst im Mittelalter erfunden, und auch die mittelalterliche Sitte, Brotfladen statt des Tellers für die Fleischstücke zu verwenden, ist für das germanische Altertum noch nicht zu erhärten, sodass (Holz-)Schalen mit Löffeln, kleinen Messern und (sehr gelegentlich) kleinen Essstäbchen als Fleischspießchen das gängige Geschirr und Besteck dargestellt haben dürften. Dabei sei aber nicht vergessen, dass schon spätestens seit der Zeitenwende eine erstaunliche Menge kostbarer römischer Importe von Tafelgeschirr in das freie Germanien gelangte, sei es als Handelsgut oder Geschenke, sei es (vielleicht anfangs häufiger) als Beutegut. Solche Trinkgefäße und Tischgeschirre aus Edelmetallen und selbst Gläser müssen in den Reichtumszentren Germaniens einen wesentlichen Beitrag zum sozialen Status der Benützer geleistet haben und als Ergänzung zum primitiv-natürlichen Bild des einfachen Lebens der Germanen bei Tacitus gesehen werden.

Die erwähnte legendäre Trunksucht unterschied die Germanen kaum von den Kelten und gehört nicht nur zum Barbarentopos, sondern geht wie gesagt auch auf das Trinken von unvermischtem Wein zurück – die Erfahrungen nordeuropäischer Völker mit schweren südlichen Weinen sind ja diesbezüglich noch immer nachvollziehbar.

Die von Tacitus beschriebenen Streitreden als Form betrunkener Unterhaltung sind uns noch aus zahlreichen Beschreibungen des Mittelalters geläufig, auch hat sich an einfachen Formen der verbalen Unterhaltung in archaischen agrarischen Gesellschaften diesbezüglich bis in die Neuzeit wenig geändert: Der Männervergleich (altnord. *mannjafnaðr*, in welchem zwei Männer ihren Wert oder ihre Leistungen miteinander vergleichen) und das dialogische Spottlied (altnord. *senna*, ein weniger freundschaftliches Wortduell), Spottstrophen, Rätsel und Lieder gehörten wohl schon im germanischen Altertum zu den üblichen Unterhaltungen beim Gelage, wobei der formalisierte Vortrag von mythologischen und heroischen Liedern auch schon in unseren antiken Quellen für die Germanen belegt ist. Während Tacitus (*Germania* 22) den Germanen aber noch vorwirft, alle Diskussionen würden trunken geführt und selbst politisch wichtige Entscheidungen würden in betrunkenem Zustand gefällt, so wird im altnordischen Gedicht *Hávamál* in einer Reihe von Strophen vor dem Effekt von Alkohol gewarnt. Allerdings geht dieses heute oft als »Sprüche der Wikinger« vermarktete *Eddalied* in Wahrheit nicht unwesentlich auf eine römische Sprichwortsammlung (die *Disticha Catonis*) zurück und ist also für germanische Zustände wenig repräsentativ.

## Landwirtschaft

Schon Tacitus (*Germania* 26) schreibt den Germanen der vorrömischen Eisenzeit die Anwendung der Fruchtfolge zu, bei der jedes Jahr andere Parzellen bebaut werden, andere brachliegen gelassen werden; diese archische Form der Schonung des Bodens war in Jütland laut Adam von Bremen noch am Ende der Wikingerzeit in Gebrauch, jedenfalls aber dort, wo genügend Ackerland für alle zur Verfügung stand. Die ebenfalls von Adam erwähnte Verlosung ist noch eine bis ins 20. Jh. bei Bodenreformen in Mittel- wie Nordeuropa gepflogene Methode der Vermeidung von Ungerechtigkeiten. Der von ihm festgestellte Mangel an Obstgärten entspricht den Tatsachen, da wir in Nordeuropa erst im Mittelalter von der Veredelung von Obstsorten hören, während noch in der Wikingerzeit in Grabfunden ausschließlich Wildobst, vor allem Holzapfel und Wildbirne, anzutreffen ist.

Die Bearbeitung des Bodens geschah in der älteren Eisenzeit mit einem einfachen Hakenpflug, der die Erde nur aufriss, aber mangels einer Pflugschar dabei nicht wendete, sodass ein zweiter, quer zur ersten Pflügerichtung verlaufender Vorgang notwendig war, und die Felder waren dementsprechend in der älteren Eisenzeit auch quadratisch. Erst kurz vor der Zeitenwende und der damit eintretenden Klimaverschlechterung dürften Radpflüge mit Streichbrett, die die Erde auch wenden konnten, aufgekommen sein, worauf sich auch die Feldform hin zu langen, schmalen Streifen entwickelte, die in Zentraleuropa bis heute gängig blieb. An Getreidearten waren in den ersten Jahrhunderten unserer Zeitrechnung im ›freien‹ Germanien Gerste, Einkorn und Emmer die verbreitetsten Arten, wobei Roggen und Dinkel zusehends beliebter wurden und die Römer in Mittel- und Nordwesteuropa den dort gut gedeihenden Dinkel ausgesprochen gefördert zu haben scheinen. Dagegen wurde die in der älteren Eisenzeit in Westeuropa sehr beliebte Hirse immer weiter nach Osten verdrängt. Erst die Einführung der Dreifelderwirtschaft im Mittelalter brachte wieder größere Artenvielfalt und verhalf vor allem dem Anbau von Hafer zu einem großen Aufschwung.

## Verbandsstrukturen

Viel weniger als Sozialstruktur und Sachkultur lassen sich die gesellschaftlichen Verbände germanischer Gruppen oder gar ihr Rechtswesen für einen größeren Bereich einheitlich darstellen. Wir müssen wohl davon ausgehen, dass sich territorial geprägte Herrschaftsstrukturen, wie sie sich etwa in Jütland für das 1. Jahrtausend als Übergang von lokalen Siedlungsverbänden über kleine regionale Fürstentümer zu solchen überregionalen Charakters bis hin zur dänischen Reichseinigung des 10. Jh.s verfolgen lassen,[26] auf den Wanderungen durch andere Formen der nicht-territorialen Definition abgelöst wurden. Hierzu hat die Forschung mit Wenskus 1961 einen deutlichen Fortschritt erbracht[27], als er erkannte, dass sich die germanischen Stämme (genauer: die *gentes* der römischen Schriftsteller) in der Regel nicht mehr biologisch-ethnisch definierten, sondern durchaus multiethnisch zusammengesetzt sein konnten, aber sich um sogenannte »Traditionskerne« gruppierten, also Elitegruppen, welche sich über die Genealogie des Fürstenhauses und/oder die heroischen Taten ihrer Vorfahren selbst definierten. Wenn laut Tacitus (vgl. *Germania* 28 und 43) die germanischen Völker sich in ihrer Eigenständigkeit gegeneinander durch Herkunft, Einrichtungen, Gebräuche, Sprache und Gesetze abgrenzen ließen, dann müssen wir das zu einem gewissen Grad auch seinem Denken in römischen Kategorien zuschreiben, welche Sprachen und Gesetze eben als konstitutiv für *gentes* ansahen. Ob diese Kriterien für germanische Stämme und Völker der Eisenzeit anwendbar waren, darf allerdings bezweifelt werden: Die Sprache war in multiethnischen Kriegerverbänden kaum ein brauchbares Unterscheidungskriterium, für die Sitten gilt wohl dasselbe. Die Gesetze waren wie gesagt trotz der Konservativität des Rechts auch temporärem Wandel unterlegen, nur die von Tacitus erwähnte Herkunft in Form von Herkunftssagen und Genealogien dürften dagegen wirklich konstitutiv für die Stammesbildung in diesem modernen Sinn des Wortes gewesen sein. Wenn also im Folgenden von Stämmen und Völkern die Rede ist, soll dies mit einer gewissen kritischen Vorsicht betrachtet werden: Nicht die modernen

---

26  Vgl. dazu Kap. 8 sowie Jytte Ringtved, »Regionalitet. Et jysk eksempel fra ynge romertid og ældre germanertid«, in: Mortensen, Peder und Birgit M. Rasmussen (Hrsg.), *Fra Stamme til Stat i Danmark*, Bd. I, Højberg/Århus 1988, S. 37–52.

27  Reinhard Wenskus, *Stammesbildung und Verfassung. Das Werden der frühmittelalterlichen gentes*, Köln/Graz 1961.

Bedeutungen sind hier relevant, sondern die an antiken Zuständen orientierten Begrifflichkeiten, für welche die neuzeitlichen ethnischen und sprachlichen, geschweige denn nationalstaatlichen Kriterien noch keine umfassende Gültigkeit hatten.

## Runen

Die Runen sind auch im öffentlichen Bewusstsein die typisch germanische Schrift; daneben gelten sie auch als magische Zeichen; das Erstere stimmt, das Letztere trotz des mitunter magischen Sinns von Runeninschriften jedoch nicht; die Blütezeit magischer Runeninschriften ist noch dazu das christliche Hochmittelalter. Für die Zeit unseres kulturgeschichtlichen Querschnitts spielen die Runen jedoch auch ganz allgemein nur eine geringe Rolle, denn obwohl die Runenschrift schon im 1. oder 2. Jh., wohl von einem einzelnen »Erfinder« oder einer kleinen Gruppe, nach Vorbild des lateinischen und etruskischen Alphabets entwickelt wurde, gibt es aus der Eisenzeit nur eine sehr beschränkte Zahl von Runeninschriften. Das zuerst verwendete Runenalphabet, das sogenannte Ältere Fuþark (nach den ersten 6 Zeichen der Runenreihe), war bis etwa 700 n. Chr. mehr oder weniger unverändert in Gebrauch. Insgesamt finden sich in dieser älteren Variante der Runenschrift mit 24 Zeichen nur etwa 200 Inschriften, wovon jedoch über 150 allein auf den Goldbrakteaten zu finden sind, auf den geprägten Nachahmungen römischer Schaumünzen, die nun im 5./6. Jh. als Götterbilder neu interpretiert worden sein dürften.

Es wurde und wird immer noch diskutiert, ob die einzigen von Tacitus für die Germanen erwähnten (Schrift?-) Zeichen, die *notae* auf Holzstäbchen zum Losen (*Germania* 10), sich schon auf Runen beziehen, aber obwohl das zeitlich nicht unmöglich ist, besteht für eine solche

Gleichsetzung keinerlei Anlass. Die Runen treten uns nämlich schon im 2. Jh. nicht als Einzelrunen oder »Sinnzeichen« entgegen, sondern fast durchweg in ganzen Wörtern oder Phrasen, und das über einen enormen geographischen Raum hinweg. Zu den ältesten Runeninschriften gehören nämlich der Kamm von Vimose auf Fünen (um 150 n. Chr.), die Funde von Illerup Å (Jütland), Thorsberg (Schleswig), die Lanzenspitze von Øvre Stabu (Ostnorwegen) und vielleicht auch die Fibel von Meldorf (Schleswig), aber schon im 4., 5. und 6. Jh. finden sich Runeninschriften auch in Hessen (Fibel von Osthofen), Bayern (Fibel von Nordendorf), Rumänien (Goldring von Pietroasa) und Schweden (Runenstein von Tanum) sowie auch schon im angelsächsischen England und in Friesland.

Die Ausbreitung der Runen ging also sehr rasch vor sich, und obwohl man auch die Kimbern wegen ihres frühen Zuges nach Oberitalien als Erfinder der Runen hat sehen wollen, sind die Heruler als ebenfalls sehr mobile Gruppe noch ein Kandidat für die Entwicklung der Runenschrift. Für sie spricht, dass der Name **ErilaR**, der auch noch viel später die Selbstbezeichnung der »Runenmeister« ist, ebenso mit ihrem Namen zusammenhängen dürfte wie das altnordische Wort Jarl (vgl. engl. *earl*) ›Fürst‹. Zu beweisen ist diese These zum derzeitigen Forschungsstand ebenso wenig wie andere Theorien zur Entstehung der Runen, auch nicht das damit zusammenhängende Bild der Heruler nicht als Stamm im traditionellen Sinn, sondern als (sozial wie intellektuell) elitäre hochmobile Kriegergruppe.[28]

Während sich aus dem Älteren Fuþark im Verwendungsbereich in England und Friesland, wo nur etwa 100 bzw. 20 Inschriften erhalten sind, schon ab dem 6. Jh. eine

---

28 Otto Höfler, »Herkunft und Ausbreitung der Runen«, in: *Die Sprache* 17 (1971) S. 134–156.

veränderte, auf die sprachlichen Besonderheiten besser
Rücksicht nehmende erweiterte Runenreihe von 29–31
Zeichen entwickelte, die man als Anglo-friesisches Fuþorc
bezeichnet, trat in Skandinavien ab etwa 700 eine gegen-
läufige Bewegung ein: Die Runenreihe wurde zusehends
vereinfacht und resultierte um etwa 800 in einem neuen,
nur 16-zeichigen System, dem sogenannten Jüngeren Fuþark. Auf dem europäischen Festland südlich von Skandinavien wurden Runen nach der vollständigen Christianisierung der Südgermanen kaum mehr verwendet, dagegen
entwickelte sich das Jüngere Fuþark in Skandinavien zu
einer Gebrauchsschrift, die in erster Linie von Laien für
alle möglichen Zwecke verwendet wurde, und strahlte von
hier aus auch in die Gebiete der Rus' im heutigen Russ-
land aus. Das Anglo-friesische Fuþorc wurde zwar im
Rahmen der angelsächsischen Mission nicht verdrängt –
im Gegenteil, die meisten der englischen Inschriften stammen aus der Zeit der Mission und hängen mit ihr zusammen –, aber auch hier überlebte die Schrift nur ganz punktuell bis ins Mittelalter, während in Skandinavien der Ru-
nengebrauch im 11. Jh. mit dem Brauch runischer Grabsteine und im Hochmittelalter als Gebrauchsschrift erst
seine Blüte erlebte.

Was die wenigen Inschriften der Eisenzeit angeht, zeichnen sich hier schon Konventionen ab, die noch später für
den Gebrauch der Runen bezeichnend blieben. Zum Ersten ist hier anzuführen, dass Runen gleichermaßen für rein
sachliche wie für religiöse oder magische Zwecke verwendet werden konnten. Simple Namen wie die von Personen
(als Schenker, Beschenkte, Besitzer oder Hersteller) oder
auch von Waffen – die Lanzenspitze von Dahmsdorf (um
250) heißt einfach **ranja** ›Anrenner, Angreifer‹ – stehen neben solchen von Göttern, wie auf der Nordendorfer Ru-
nenspange (um 550), wo neben **awaleubwini** (›Awa für
Leubwini‹) noch **logaþore wodan wigiþonar** angeführt
sind, wovon wenigstens Wodan und Weihe(?)-Thor leicht

identifizierbar sind. Zum Zweiten ist ein ausgesprochener Hang der Runenmeister zur Selbstnennung und sogar Selbstbeschreibung zu nennen, so schon auf den beiden wohl magisch zu deutenden Inschriften auf dem Lanzenschaft von Kragehul und dem Knochenamulett aus Lindholmen (beide vor 500), auf denen sich der Runenmeister in der ersteren als **ekẽrilaRasugisalas** ›Ich, der Eril, Geisel der Asen‹ bezeichnete; in der zweiten sagt er von sich selbst: **ekerilaRsawilagaRhateka** ›Ich, der Eril, der der Schlaue genannt wird‹. In späteren Runeninschriften werden sich dann Runenmeister dezidiert als »unzauberisch« oder »unwütend« deklarieren. Zum Dritten ist schon in den frühen Runeninschriften des Älteren Fuþark ein deutlicher Formwille zu konstatieren; so repräsentiert die simple Herstellerinschrift auf einem der (verlorenen) Goldhörner von Gallehus in Jütland aus der Zeit um 400: **ek HlewagastiR / HoltijaR / horna / tawido** ›Ich Hlewagast, Sohn des Holt (oder Waldbewohner), machte das Horn‹ den ältesten erhaltenen germanischen Langvers, schon zu dieser Zeit und für diesen einfachen Zweck mit vollständigem Inventar von Stabreimbindung und Silbenzählung.

Zwar ist noch ein weiter Weg von diesen Runeninschriften zum weitverbreiteten epigraphischen Gebrauch der Runen auf den Steinen der Wikingerzeit, aber schon die wenigen erhaltenen eisen- und völkerwanderungszeitlichen Inschriften zeigen die weite Verbreitung der Runen in der Germania, wo wenigstens ein kleine Elite sie zu schreiben und lesen verstand.

## Mythen und Heldenlieder

Laut Tacitus (*Germania* 2) verehren die Germanen »in alten Liedern – der einzigen ihnen bekannten Form historischer Überlieferung –« einen Ahnvater Tuisto und seinen Sohn Mannus, dessen Söhne die Stammväter der drei großen Völkergruppen der Germanen gewesen seien: der Ingaevonen an der Küste, der Hermionen in der Mitte und schließlich der Istaevonen. Von diesen wiederum würden sich die einzelnen Stämme herleiten, die Marser, die Gambriner, die Sueben und die Vandiler.

Während es in der älteren Forschung Versuche gegeben hat, bekannte germanische Götter in diesen Ahnvätern zu sehen (einen Gott *Yng [= Freyr] oder einen Gott *Ermin/Irmin), hat dies nur bei Ing/Yng eine gewisse Wahrscheinlichkeit, alle anderen Versuche sind reine Spekulation. Allerdings findet sich wenigstens die Struktur dieses Abstammungsmythus auch in der nordischen Mythologie ähnlich wieder, und selbst die bei Beda (*Historia Ecclesiastica* I,15) aufgeführten Anführer der Jüten in England, Hengist und Horsa, hätten sich über Wictgils, Witta und Wecta auf Wodan zurückgeführt.

Echte mythologische Lieder der Germanen sind uns bis zur Wikingerzeit in Skandinavien nicht bewahrt, auch wenn runische Denkmäler belegen, dass der germanische Langvers schon vor der Mitte des 1. Jahrtausends ausgeformt und daher wohl weithin verwendet war (vgl. die Inschrift des Horns von Gallehus oben im Abschnitt »Runen«). Aber erst die an skandinavischen Königshöfen der Wikingerzeit tätigen isländischen Skalden bewahren mitunter Reste mythologischer Dichtung, die großen »Götterlieder« der *Edda* zeigen jedoch nicht nur christliche, sondern auch gelehrt-mittelalterliche Einflüsse und sind wohl mit wenigen Ausnahmen (wie der *Völuspá* »Weissagung der Seherin«) erst in christlicher Zeit als Teil eines gelehrten Geschichtsbewusstseins entstanden.

Anders steht es mit der Heldendichtung; auch hier sind zwar kaum wirklich alte Lieder erhalten, außer z. B. die altschwedische Strophe im eddischen Versmaß des *fornyrðislag* ›Versmaß für alte Sagen‹ auf dem wohl nach 800 gesetzten Runenstein von Rök in Schweden, welcher auf König Theoderich (471–526) anspielt, wobei der Sinn der ganzen Runenschrift, also auch die Funktion dieser Strophe, heftig umstritten ist:

> Reð pioðrikR
> hinn purmoði
> stilliR flutna
> strandu HraiðmaraR
> SitiR nu garuR
> a guta sinum
> skialdi um fatlaðaR
> skati Mæringa.

> Es herrschte (oder: ritt?) Theoderich,
> der kühngemute,
> der Fürst der (See-)Krieger,
> über den Strand des Hreidmeeres.
> Jetzt sitzt er gerüstet,
> auf seinem Gotenross,
> den Schild über die Schulter,
> der Held der Märinge.

Allerdings weisen die im Altnordischen in mittelalterlichen Handschriften erhaltenen Heldenlieder in ihrem Stoff auf historische Vorgänge der Völkerwanderungszeit hin (wie etwa die berühmte »Hunnenschlacht«, den Tod Etzels oder den Untergang der Burgunder), die wohl in Liedform, vielleicht aber auch als Prosaerzählungen die Jahrhunderte überdauert haben; die erhaltenen altnordischen Gedichte können jedoch schon aus sprachlichen Gründen höchstens bis in die Wikingerzeit zurückreichen. Gebundene und andere Dichtungen über berühmte Ahnen, Könige oder Helden bildeten also tatsächlich die älteste, wenn auch lange nur mündlich tradierte Literatur der Germanen; schon Tacitus erwähnt ja (*Annales* 4,88), dass Arminius von den Barbaren noch immer besungen würde, und selbst für den hunnischen Hof vor der Mitte des 5. Jh.s werden zwei barbarische Dichter oder Sänger erwähnt, welche Attilas Siege nach dem Mahl verherrlichten.[29] Über Untergattungen dieser Preislieder oder erzählenden Lieder zu spekulieren, ist müßig, da sie mittelalterliche Gattungsmerkmale und neuzeitliches Klassifizierungsdenken ohne zwingenden Grund in eine Zeit der Mündlichkeit zurückprojizieren. Dennoch finden sich neben mythologischer und heroischer Dichtung auch noch andere Dichtungsgattungen entweder in antiken Quellen erwähnt oder aber aus lateinischen Texten bzw. späteren Zeugnissen erschließbar: dazu zählen die Abstammungssagen bestimmter *gentes* (*Origo gentis*), Totenlieder (althochdt. *dadsisas* ›Totenlieder‹ im *Indiculus superstitionum*), dann die (vielleicht wie im Irischen mit Totenklagen in Verbindung zu bringende?) genealogischen Gedichte und andere Merkgedichte sowie Zauberlieder und vielleicht auch abgesehen von den Totenliedern ausgesprochene Ritualgedichte, die aber u. U. nur eine Erfindung christlicher Autoren sind. Insgesamt können damit trotz des weitgehenden Fehlens primärer Zeugnisse Aussagen über Form (*fornyrðislag*, Langzeile) und Inhalt (Fürstenpreis, Heldenpreis, Genealogie und Abstammung, Memoria, Kult und Zauber) altgermanischer Dichtung gemacht werden.

---

29 Heinrich Beck, »Germanen, Germania, Germanische Altertumskunde. C. Dichtung«, in: RGA 11 (1998) S. 125–129, hier: 128.

# 3

# Die Sparringspartner des Imperiums:
# Germanen und Römer vor und am Beginn
# der Zeitrechnung

## Das römische Trauma:
## Der Zug der Kimbern und Teutonen

Die Römer hätten kein so unmittelbares Interesse an der Beschreibung und Erforschung der germanischen Stämme gehabt, wenn sie nicht durch ein ziemlich traumatisches Erlebnis im Jahre 113 v. Chr. schlagartig auf die für sie neuen Völker aufmerksam geworden wären: Erst 118 v. Chr. war links des Rheins die Provinz Gallien bei den Kelten etabliert worden, aber nur fünf Jahre später fielen plötzlich Scharen von Germanen, die zu einem »Stamm« namens Kimbern gehörten, in das Gebiet der späteren Provinz Noricum ein. Die Provinz Noricum umfasste den zentralen Abschnitt der Donaugrenze des Römischen Reichs (ziemlich genau das heutige Österreich südlich der Donau). Im 2. Jh. war der mittlere Donauabschnitt jedoch wenig gesichert, die Römer verließen sich auf die dort siedelnden verbündeten Hermunduren, welche aber gegen die nun anstürmenden Massen von Kimbern offenbar machtlos waren. (Übrigens waren die Römer schon vorher einmal mit den Germanen in Berührung gekommen, als um 200 v. Chr. Bastarner und Skiren auf dem Weg nach Süden am Schwarzen Meer eingetroffen waren – aber da damals keine unmittelbare Bedrohung des Reichs bestand, wurden sie offenbar viel weniger wahrgenommen.)

Die Kimbern und Teutonen und offenbar noch andere kleinere Stämme (wie die Ambronen) brachen um 120 v. Chr. aus Südskandinavien auf und zogen nach Süden, wohl nicht zuletzt auf Grund der allgemeinen Klimaver-

schlechterung, die in Nordeuropa fühlbarer und konse-
quenzenreicher war als im Süden; aber auch nur regional
und temporär wirksame Ereignisse wie Missernten und
Naturkatastrophen mögen letztlich zum Auslöser dieser
frühen Migration geworden sein. Die Germanenstämme
dürften sich nach Südosten gewandt und die Alpen an ihrem Ostrand überquert haben, was bei einem Menschen-
zug mit Kriegern, Frauen und Kindern, Ochsenkarren
und Rindern auch kaum anders möglich war. Dazu besaßen die Völker aus Südskandinavien, viele davon reine
Viehzüchter, auch zahlreiche Pferde – das für Krieg,
Image und Religion wichtigste Tier der eisenzeitlichen
Germanen. Zu bedenken ist dabei freilich, dass vor 2000
Jahren Pferde wie Rinder deutlich kleiner waren als heute
und Pferde wohl eher die Größe der heutigen Islandpfer-
de hatten (denn die gezielte Zucht von Tierarten zur heute
üblichen Größe begann erst seit dem späten Mittelalter),
sodass ein derartiger Heereszug nur auf Grund der
Fremdartigkeit der »Barbaren« selbst, nicht aber auf
Grund der Ausrüstung furchterregend wirken konnte.

Greifbar wird der Kimbernzug 113 v. Chr., als die Germanen im Ostalpenraum ein römisches Heer schlugen
(und zwar beim bis heute nicht genau zu lokalisierenden
Noreia im heutigen Kärnten), welches angeblich von den
keltischen Norikern zu Hilfe gerufen worden war, obwohl der römische Feldherr Carbo verräterisch die zum
Frieden bereiten Germanen überfallen hatte. Diese zogen
aber nach ihrem Sieg nicht etwa, wie von den Römern be-
fürchtet, nach Italien, sondern blieben im Gebiet der ihnen vertrauteren Kelten und zogen durch die Alpentäler
nach Westen, vorerst nach Helvetien. Es ist naheliegend,
dass bei dem langen Weg einzelne Gruppen dieser Völker
zurückblieben und sich entlang der Zugstrecke niederließen, während sich offenbar auch immer wieder (Krieger-?)
Gruppen aus den keltischen Gebieten dem Zug anschlossen, sodass nach einigen Jahren noch weniger als am An-

fang von einer ethnischen Einheitlichkeit die Rede sein konnte. Der Zug, der vielleicht bis zu 300 000 Menschen umfasst haben könnte[30], wandte sich dann nördlich der Alpen über das Rhein-Main-Gebiet nach Westen und überschritt den Oberrhein in Richtung Gallien. Von Nordostgallien aus wandte sich der Zug schließlich nach Süden in die römische Provinz Gallia Narbonensis, also etwa in das Gebiet südlich des Genfer Sees bis zum Mittelmeer und die Pyrenäen, von wo aus die Kimbern 109 v. Chr. in Rom um Land zur Besiedlung anfragten. Den Römern ging es aber eher um Befriedung des erst vor kurzem von den Galliern eroberten Gebiets als um neue potentielle Unruhestifter, als die man die germanischen Völkerscharen ansah, und so entsandten sie ihre Legionen, um die Germanen möglichst weit vom römischen Mutterland entfernt abzuweisen. Nachdem die Kimbern und ihre Verbündeten im Rhônetal geplündert hatten, wurden sie von den Römern gestellt, aber auf Grund eines internen Zwists zwischen den beiden römischen Konsuln Manlius und Caepio versäumten es die beiden römischen Heere, sich rechtzeitig zu vereinen, und so wurden Caepios und dann Manlius' Legionen bei Arausio (dem heutigen Orange) im Jahre 105 v. Chr. so vernichtend geschlagen, dass angeblich 100 000 gefallene Legionäre das Schlachtfeld bedeckten. Der Schock der lateinischen Geschichtsschreiber über die Niederlage saß tief, und das führte nicht nur zu Übertreibungen bei der Höhe der Verlustzahlen, sondern auch bei der Schilderung der (für die Römer) barbarischen Gräueltaten nach dem Sieg wie der Opferung von Legionären und der Vernichtung des Beuteguts. Diese Beschreibungen erfüllten offenbar die römischen Erwartungen vom Verhalten von Barbaren und übertrafen sie möglicherweise noch, dazu mögen die Autoren wie Strabon

---

30 Arnulf Krause, *Die Geschichte der Germanen*, Frankfurt / New York 2002, S. 31.

oder Licinianus auch absichtlich auf Schauerkitzel ihres Publikums gesetzt haben, jedenfalls blickte man in Rom nun mit Furcht nach Norden – und dieses tiefe Gefühl der Unsicherheit der Römer gegenüber den germanischen Barbaren würde sich nie wieder völlig verflüchtigen.

Die ausführlichste Beschreibung hat erst 600 Jahre später Paulus Orosius (*Historia adversus paganos* V,16,5) nach älteren Quellen zusammengestellt. Sie gibt aber gut wieder, wie man sich im Römischen Reich diese frühen Eindringlinge im Falle ihres Sieges vorzustellen hatte, und ist daher vielleicht mentalitätsgeschichtlich relevanter als andere, faktenbezogenere Berichte:

> Die Gewänder wurden [auf Grund eines vor der Schlacht abgelegten Gelübdes] zerrissen und in den Kot getreten, das Gold und Silber in den Strom geworfen, die Panzer der Männer zerhauen, der Schmuck der Pferde vernichtet, die Pferde selbst in den Strudeln des Stromes ertränkt, die Menschen mit Stricken um den Hals an Bäumen aufgehängt, sodass der Sieger nichts von der unermesslichen Beute erhielt und die Besiegten keine Chance auf Gnade hatten.

Heute wissen wir auf Grund archäologischer Funde, dass die absichtliche Zerstörung von Waffen und Ausrüstungsgegenständen, die Paulus und andere Historiker überraschte, keine Erfindung war. Die zahlreichen Waffenbeuteopferfunde in Skandinavien bestätigen, dass die Germanen der römischen Kaiserzeit tatsächlich das Beutegut ihren Göttern versprachen und dass die Ausrüstung ganzer feindlicher Heere nach dem Sieg auf unterschiedliche Weise zerstört und dann in Mooren versenkt wurde, offenbar als Dankopfer an eine oder mehrere Gottheiten. Auch das Erhängen von Gefangenen ist bis in die nordische Wikingerzeit sowohl als Abschreckung von Feinden als auch als Menschenopfer gut belegt.

Trotz der traumatischen Ereignisse von Arausio war Rom vorerst weniger bedroht, als es den Anschein hatte. Der riesige Zug der Kimbern und Teutonen teilte sich nämlich nach der Schlacht, wobei der Hauptteil der Kimbern nach Westen zog, die Pyrenäen überquerte und nach Spanien einfiel, während sich die Teutonen nach Norden in den Nordteil Galliens wandten. Allerdings gelang es keinem der beiden Heerhaufen, das ersehnte Siedlungsland zu erhalten: In Spanien schlugen die dort seit spätestens dem 5. Jh. v. Chr. siedelnden Keltiberer den Einfall zurück, in Nordgallien hatten die Teutonen ebenfalls kein freies Land gefunden, sodass sie sich 103 v. Chr. wieder vereinten, um gemeinsam nach Oberitalien einzufallen. Die Römer hatten allerdings die Chance genutzt, um in den dazwischenliegenden zwei Jahren eine Heeresreform vorzunehmen. Der Sieger des Jughurtinischen Krieges, der Konsul Marius, hatte aus dem alten Volksheer ein effizienteres Berufsheer mit der seither bekannten Legioneneinteilung geschaffen, und er führte nunmehr 102 v. Chr. auch ein etwa 35 000 Mann starkes Heer ins Rhônetal, wo er aber die Germanen vorerst auf eine Schlacht warten ließ; erst nach ihrem Vorbeizug an seinem befestigten Feldlager nahm er die Schlacht bei Aquae Sextiae (Aix-en-Provence) auf, wobei letztendlich über 100 000 Germanen gefallen sein sollen. Zwar war damit der Großteil der Teutonen (und der mit ihnen ziehenden Ambronen) geschlagen, die Kimbern aber zogen nach Norden ab und kehrten schon ein knappes Jahr später über den Brenner wieder nach Süden zurück. Nachdem sie sich den Durchmarsch an der Etsch erkämpft hatten, war es wieder Marius, der sie bei Vercelli bei Mailand stellte und auch diesmal schlug.

## Die Grenzen werden abgesteckt:
## Ariovist und Caesar

Für das Jahr 58 v. Chr. erwähnt Gaius Julius Caesar in seinen Erinnerungen an den Gallischen Krieg erstmals einen »König der Germanen«, nämlich Ariovist, welcher angeblich schon 14 Jahre vorher als *rex et amicus populi Romani* (›König und Freund des römischen Volkes‹) von den Römern akzeptiert und geehrt worden war. Nunmehr war er aber, den Oberrhein überschreitend, in Gallien eingefallen und hatte nicht unwesentliche Teile Nordostgalliens von den dort wohnenden keltischen Stämmen erobert. Caesar gelang es, bei Mühlhausen im Elsass mit sechs Legionen die Germanen unter Ariovist zu schlagen, welche zum Stammesverband der Sueben gehörten. Nach dieser Niederlage hören wir nichts mehr von Ariovist, die geschlagenen Germanen kehrten zum Großteil in ihre rechtsrheinische Heimat zurück und Caesar nach Italien. Die Sueben aber waren damit offenbar keineswegs von der historischen Bühne abgetreten, sondern sie tauchen in den weiteren Beziehungen zwischen Germanen und Römern immer wieder als dominante Gruppierung von Germanen auf; bei Tacitus am Ende des 1. Jh.s n. Chr. werden sie als Völkerverband bezeichnet. Dies trifft den Kern der Sache wohl auch besser als die Bezeichnung »Stamm«: Die Sueben waren vermutlich eine aus verschiedenen, nicht unbedingt ethnisch verwandten Gruppen zusammengesetzte Gemeinschaft, deren gemeinsamer, ruhmreicher Name offenbar selbst Anziehungskraft für neue Kriegergruppen ausübte. In der Tat hat ja der Name über 2000 Jahre überlebt und findet sich noch heute im Namen der Schwaben wieder.

Caesar aber hatte aus dem Eindringen des Ariovist in Gallien die Bedeutung der Rheingrenze kennen gelernt, und er postulierte in seiner Schrift *De bello Gallico*, dass der Rhein die Grenze zwischen Germanen und Galliern sei. Dies entsprach zwar nicht den ethnischen und historischen Tatsachen, sondern in erster Linie seinen Vorstellungen einer effizienten Grenzziehung zwischen den zu latinisierenden und romanisierenden Kelten in den von den Römern eroberten linksrheinischen Gebieten und den bislang nicht erfolgreich unterjochten und damit weitgehend unberechenbaren »Germanen«-Völkern jenseits des Rheins. Obwohl er aus seinen eigenen Expeditionen am Unterrhein gut genug wusste, dass keltische Völker – wie die belgischen Menapier – und germanische Völker – wie die über den Rhein drängenden Usipeten und Tenkterer – de facto auf beiden Rheinseiten siedelten, wurde für ihn dennoch und in der Folge für die Römer auf Jahrhunderte hinaus der Rhein die wesentliche Grenze zwischen dem römischen Imperium und den germanischen Barbaren. Wenngleich Caesar selbst mindestens zweimal – 55 v. Chr. und 53 v. Chr. – Strafexpeditionen auf rechtsrheinisches Gebiet mit Hilfe von über den Rhein geschlagenen Militärbrücken unternahm, waren es gerade die Reste dieser Brücken mit den befestigten linksrheinischen Brückenköpfen, welche den Beginn der Rheinbefestigung darstellten und auf lange Zeit zwar nicht (wie von Caesar behauptet) Kelten und Germanen, aber zweifellos römische Zivilisation und »Barbarei« voneinander trennten.

Die in der Folge angelegten Lager und Siedlungen der Römer auf dem linken Rheinufer waren auch die Grundlage für die städtische Entwicklung der nächsten 1000 Jahre. Nijmegen, Xanten, Neuss, Köln, Bonn am Niederrhein, Koblenz, Mainz und Straßburg (nicht aber *Vindonissa* = Windisch) am Mittel- und Oberrhein wurden die Keimzellen der mittelalterlichen Städte. Während aber die Verteidigungslinie am Niederrhein lange Zeit relevant blieb, verschob sie sich durch die Eroberungen am Mittelrhein unter Vespasian und Domitian, über 100 Jahre nach Caesar, vom Rhein weit in das rechtsrheinische Gebiet hinein. Wenigstens im Westen aber blieb, mit Entschärfung der Grenze am Nordwestende durch Ansiedlung der römerfreundlichen Bataver auf der (Fluss-)Insel (*insula Batavorum*) zwischen Rhein und Waal, der Rhein in jeder Beziehung die historische Grenze: Die genannten großen Lager waren durch eine linksrheinische Militärstraße am Rheinufer miteinander verbunden, eine zusehends enger werdende Kette von Holzkastellen mit Legions- oder Hilfstruppenabteilungen säumte Ufer und Straße. Erst ab Mitte des 1. Jh.s n. Chr. wurden die Holzbauten und Holz-Erde-Befestigungen der Legionslager und Kastelle von steinernen Befestigungswerken abgelöst, die immer stärker reglementierten Bauplänen folgten.[31]

Nach Caesars Abzug aus Gallien 49/50 v. Chr. und auch noch nach seiner Ermordung im Jahre 44 war Rom zu sehr mit den Bürgerkriegswirren im Herzen des Reichs beschäftigt, als dass wir viel über germanische Feldzüge hören würden. Strafexpeditionen römischer Feldherren führten zwar hin und wieder über den Rhein, wie die von Agrippa 39/38 v. Chr., von Carrinas 30/29 v. Chr. oder auch von Vinicius 25 v. Chr. Da wir aber gerade für diese Zeit auch von Handelsbeziehungen über den Rhein hinweg hören, dürfte diese Phase bereits den Beginn der sukzessiven Romanisierung wenigstens der flussnahen rechtsrheinischen Germanen markieren. In diese Zeit fällt auch eine durchaus folgenschwere Neuansiedlung, nämlich die der vormals rechtsrheinischen germanischen Ubier unter Agrippa auf das westrheinische Gebiet zwischen Köln, Koblenz und Eifel. Dieses Gebiet war seit der weitgehenden Vernichtung der vormals dort siedelnden (keltischen) Eburonen durch Caesar nur sehr dünn von einer keltischen Restbevölkerung besiedelt. Die Übersiedlung geschah auf eigenen Wunsch der Ubier, da sie rechts vom Rhein durch die Sueben stark unter Druck geraten waren; dies dürfte vermutlich schon 38 v. Chr. und nicht erst 20/19 v. Chr. geschehen sein. Als Hauptort diente vorerst

---

31 Reinhard Wolters, *Die Römer in Germanien*, München 2000, S. 70 ff.

das sogenannte *Oppidum Ubiorum*, welches 50 n. Chr. durch das Veteranenlager Colonia Claudia Agrippinensis – das spätere Köln – ersetzt oder erweitert wurde, wobei der Ort auch den Beinamen *Ara Ubiorum* bekam, also ›Altar der Ubier (für den römischen Staatskult)‹. Somit standen hier Germanen in römischen Militär- und Zivildiensten, bewohnten ganz ungermanisch eine Stadt, huldigten einem keltisch-germanisch-römischen Mischkult (dem Matronenkult, vgl. Kapitel 9, S. 192) und entwickelten sich zu einer romtreuen, provinzialrömischen, aber ethnisch vorwiegend germanischen Bevölkerungsgruppe innerhalb des Römischen Reichs. Auch die Bataver an der Rheinmündung fühlten sich in dieser Phase ganz als Römer und dienten als römische Hilfstruppen schon weit von der Bataverinsel entfernt, sollten aber ein Jahrhundert später noch eine ganz andere Rolle spielen.

## Militärexpeditionen als Machtbeweise: Die Züge des Augustus und Drusus

Als Octavianus, der spätere Augustus, bei Actium 31 v. Chr. Antonius und Kleopatra besiegt hatte und damit der Bürgerkrieg zu Ende war, dürfte in ihm wohl der Traum von der Erweiterung des Imperiums nach Norden gereift sein. Er nahm 16 v. Chr. einen Einfall der Sugambrer, Usipeten und Tenkterer zum Anlass, an den Niederrhein zu ziehen, und legte unter anderem die Legionslager bei Xanten (*Vetera*) an der Einmündung der Lippe in den Rhein und Mainz (*Mogontiacum*) an der Mündung des Mains als Basis für weitere Expeditionen an. Dass Augustus eine Reichsgrenze entlang der Linie Elbe-Sudeten-March-Carnuntum[32] geplant hätte, ist nicht unumstritten[33], aber

---

32 So Herwig Wolfram, *Die Germanen*, München 1995, S. 35.
33 Vgl. Malcolm Todd, *Die Germanen*, Darmstadt 2000, S. 52.

die militärische Basis für eine solche Erweiterung des Imperiums hatte er jedenfalls zu legen begonnen. Mit Recht lässt sich fragen, wie sinnvoll eine solche Erweiterung im damals unwegsamen, dünn besiedelten, an Bodenschätzen und landwirtschaftlichen Produkten armen Mittel- und Norddeutschland denn gewesen wäre, aber wenigstens aus strategischer Sicht hätte die Unterwerfung des rechtsrheinischen Germanien die immer unter Druck stehende Donaugrenze sicherlich entlastet, wenn auch zu einem hohen Preis. Nach dem Abzug des Augustus aus Germanien war es aber seinem jüngeren Stiefsohn und Militärführer Drusus überlassen, die Eroberungspläne für das freie Germanien zu realisieren. Zuerst besiegte dieser 12 v. Chr. die lästigen Sugambrer, dann drang er mit Unterstützung einer Flotte bis zur Ems und bis zu den Friesen vor, wobei er gleichzeitig die Länder der Usipeter und Sugambrer verwüstete, und drang schließlich in das am Wattenmeer gelegene Gebiet der Chauken vor, bis er Weser und Elbe erreichte. Im darauffolgenden Jahr unternahm Drusus einen noch ehrgeizigeren Feldzug die Lippe aufwärts bis in das Gebiet der Cherusker um den Teutoburger Wald und an die Weser, die er auf Grund der fortgeschrittenen Jahreszeit aber nicht mehr überqueren konnte. Allerdings legte er zwei Lager an, wovon eines in Oberaden bei Bergkamen (zwischen Hamm und Dortmund) am Zusammenfluss von *Lupia* (Lippe) und *Elison* identifiziert und archäologisch ergraben werden konnte. Dieses Lager kann nur als Demonstration römischer Organisation und römischen Machtwillens interpretiert werden. In Höhenlage über dem Flüsschen erhob sich eine siebeneckige Anlage von etwa 680 m Länge und 840 m Breite, die drei Legionen und die dazugehörigen Hilfstruppen, also etwa 20000 Mann, beherbergen konnte. Ein fünf Meter breiter und drei Meter tiefer Wehrgraben lag vor einer drei Meter breiten Holz-Erde-Mauer von 2,7 km Länge, welche von einer Palisade aus Pfählen bekrönt wurde. Neben den Torkastellen befanden sich alle 25 m kleinere Mauertürme, und auch das Innere war streng militärisch und symmetrisch angelegt.[34] Durch dendrochronologische Untersuchungen (also auf Grund der Jahresringe der dafür gefällten Bäume) konnte die Anlage auf die Jahre zwischen 11 v. Chr. und 8 v. Chr. datiert werden und ist mit großer Sicherheit als eines der von Drusus angelegten Lager zu bezeichnen. Um 8/7 v. Chr. wurde das Lager systematisch geräumt und durch Brandlegung unbrauchbar gemacht, aber ob das große Lager von Haltern nur 20 km westlich davon als Fortsetzung gedacht war, oder ob es einen vorübergehenden Rückzug gab, lässt sich nicht ausmachen. Jedenfalls war Drusus da schon nicht mehr am Leben, da er auf dem Rückmarsch von einem Zug gegen die Chatten zwischen Lahn und Fulda im Jahre 9 v. Chr. so unglücklich vom Pferd stürzte, dass er sich dabei tödlich verletzte. In den Jahren danach, nämlich 8 und 4 v. Chr., überschritt sein Nachfolger Tiberius zweimal den Rhein und legte sogar ein Lager östlich der Weser an, aber man hat dies teilweise sogar als Zeichen eines temporären Friedens und fortschreitender Romanisierung auch der barbarischen Germania interpretiert. Ein weiterer Vorstoß, diesmal in einer Zangenbewegung von Nordwesten und von Süden her (Letztere mit der Basis in Carnuntum östlich von Wien), sollte den für die Römer zu mächtig gewordenen romanisierten Markomannen Marbod schwächen, der 7 n. Chr. im heutigen Böhmen und Mähren ein Markomannenreich unter Eingliederung keltischer Bevölkerungsreste und schon früher eingewanderter Germanen errichtet hatte.[35] Allerdings führte ein Aufstand in Pannonien zum Abbruch dieser Unternehmung.

34 Wolters (wie Anm. 31), S. 44 ff.
35 Peter Kehne / Jaroslav Tejral, »Markomannen«, in: RGA 19 (2001) S. 290–308.

## Der Beginn der Germanenideologie:
## Arminius und die Römer

Offenbar war die Romanisierung einzelner Teil des sogenannten ›freien‹ Germanien (*Germania libera* – eine nicht
ganz glückliche neuzeitliche Bezeichnung für die rechtsrheinischen Gebiete der Germanen) schon so weit fortgeschritten, dass man sich in Rom bald nach der Zeitenwende Hoffnungen auf eine schnelle Eingliederung auch des
rechtsrheinischen Germanien in das römische Imperium
machte, und in der Tat wiesen viele Anzeichen darauf hin:
Viele vornehme Germanen hatten längst Dienstzeiten in
der römischen Armee oder bei Hilfstruppen absolviert
und kannten daher römische Kultur und Lebensart, der
Handel blühte sowohl entlang des Rheins als auch an der
Donau, da ein beiderseitiges Interesse daran bestand: Die
römischen Legionen und ihre Hilfstruppen ließen sich
leichter (und vielleicht auch billiger) durch Lebensmittel-
käufe aus dem germanischen Hinterland versorgen als
durch römische Lieferanten, und bei den Germanen bestand an römischen Luxusartikeln ein kaum abzuschät-
zender Bedarf. Dass man auf germanischem Boden inzwischen über die Feinheiten römischer Lebensführung Bescheid wusste, kann nach über 100 Jahren gemeinsamer
Grenze, zahlreichen Kriegszügen in beide Richtungen und
den sich intensivierenden Handelsbeziehungen kaum fraglich sein. Inzwischen hat man neben den mächtigen Rö-
merlagern wie Oberaden und Haltern auch noch einen
weiteren Typ römischer protostädtischer Siedlung im germanischen Hinterland ausgegraben, von dem schon Cassius Dio um 200 n. Chr. spricht, nämlich Handelsplätze
zwischen Germanen und Römern, so etwa den bei Wald-
girmes an der Lahn in Hessen ergrabenen Platz. Diese
Handelsstation ist durchaus nach römischem Vorbild la-
gerartig angelegt und durch einen Holz-Erde-Wall geschützt, zeigt aber durch die Bodenfunde, dass es eben

kein Militärlager war, sondern sich durch zivile und hand-
werkliche Funde auszeichnet – und das tief hinter dem Limes und ganz ohne römische Eroberung dieses Gebiets.
Allerdings dauerte dieser scheinbare Friede nur wenige
Jahre nach der Zeitenwende.

Der Grund für den Zusammenbruch der weitgehend
friedlichen Beziehungen trägt für uns heute einen Namen,
nämlich Arminius. Der römische Name für den Sohn des
Cheruskerfürsten Sigimer deutet schon darauf hin, dass er
eine römische Erziehung genossen hatte, was auf einen
Vertrag zwischen Cheruskern und Tiberius während des
Aufstands in Pannonien zurückgeht, in dem die Cherusker als verbündete Hilfstruppen agiert hatten; dass Arminius Latein sprach, versteht sich dabei von selbst, dass er
den Statthalter Varus auf seinen Zügen durch Germanien
begleitete, schon weniger. Letzteres zeigt aber, wie sehr
ein Römer kurz nach der Zeitenwende an ein friedliches
Miteinander von Germanen und Römern glauben konnte.
Als Varus im Jahre 9 n. Chr. daher mit drei Legionen samt
Hilfstruppen – also mit dem Tross wohl 20–30000 Mann
– durch das Cheruskergebiet zog, machte er den Fehler zu
großer Leichtgläubigkeit und entsandte auf Bitten der
Cherusker einen Teil seines Heeres an die Weser, um dort
angebliche Aufständische niederzuschlagen, was aber nur
eine Kriegslist der unter Arminius ausnahmsweise vereint
agierenden Germanenfürsten war. Jedenfalls geriet die Armee des Varus auf dem Rückmarsch von dieser ergebnis-
losen Expedition »unweit des Teutoburger Waldes« bei
trostlosem Herbstwetter in einen Hinterhalt, währenddessen die römische Armee im Laufe von vier Tagen des
Guerillakriegs der Germanen weitgehend aufgerieben
wurde. Die Germanen folterten und töteten auch die gefangenen Römer noch, Varus verlor nach dem Selbstmord
seinen Kopf, den Arminius zum Markomannenkönig
Marbod sandte, der ihn weiter nach Rom zu Augustus ex-
pedierte.

Der Ort dieser katastrophalsten aller römischer Niederlagen gegen die Germanen kann heute aus den zahlreichen Vermutungen der Vergangenheit am ehesten in der Kalkrieser-Niewedder Senke nordöstlich von Osnabrück lokalisiert werden, wo kilometerlang der Weg zwischen den Felsen der Kalkrieser Berge und einem Moor im Norden verläuft – ein geradezu idealer Ort für einen derartigen Hinterhalt. Viel spannender als die eher banale Frage nach dem Ort »der Schlacht im Teutoburger Wald« sind aber die Fragen nach den Gründen für das so völlige Versagen des Varus und noch mehr nach der Motivation des Arminius für den Verrat an den ehemaligen Verbündeten. Ersteres ist wohl leichter zu beantworten: Varus war nicht nur leichtsinnig und vertrauensselig, wie ihm schon die durch die Niederlage erschütterten Zeitgenossen bescheinigten, sondern war nach aller Wahrscheinlichkeit schon mehr auf die Organisation der *Germania libera* als römische Provinz als auf Unterwerfung mit militärischen Mitteln fixiert und bezahlte einen hohen Preis für diese Fehleinschätzung der Situation. Arminius dagegen, der in römischen Diensten erzogen worden war, als Anführer römischer Hilfstruppen gekämpft hatte und dafür nicht nur schon früh die römischen Bürgerrechte, sondern sogar den Ritterstand erhalten hatte, scheint ein auf den ersten Blick unwahrscheinlicher Kandidat für eine so völlige Kehrtwendung. Man wird auch nicht die tendenziösen Äußerungen des Tacitus zu schwer bewerten, der aus römischer Sicht alle Germanen als äußerst gefährlich einstufte und Arminius wie Marbod als warnendes Beispiel anführen konnte. Tacitus aber hatte eine Erneuerung römischer Moral und Verteidigungsbereitschaft im Sinn und nicht so sehr eine historische Erklärung der Vorgänge zwei oder drei Generationen zuvor. Man hat in Arminius' Verrat und Aufstand nicht zuletzt den missglückten Versuch sehen wollen, die Verhältnisse der Hilfstruppen in römischen Diensten zu verbessern und mit Hilfe eines

Aufstandes letztlich zu erzwingen, wie es auch der Bataveraufstand der Jahre 70/71 versuchte. Als Mittel von Tarifverhandlungen[36] war aber die Auslöschung von drei Legionen wenig geeignet, und man kann daher vermuten, dass die persönliche Ehre bei Arminius eine nicht unwesentliche Rolle gespielt hat, allerdings nicht in dem Sinn, dass Arminius zurückgesetzt worden war, sondern dass es ihm ein persönliches Anliegen war, ebenso viel Ehre zu gewinnen wie Marbod[37], dem immerhin als ersten Germanen eine Reichsgründung, noch dazu im Herzen Europas, gelungen war, wenn auch nur für die kurze Zeit von zwei Jahrzehnten. Dazu kamen wohl auch die Streitigkeiten innerhalb der sozialen und politischen Elite der Cherusker, die ihn zu einem Todfeind seines eigenen Schwiegervaters Segestes werden ließen (obwohl dessen geraubte Tochter Thusnelda keineswegs unwillig war), wohl auch deshalb, weil dieser römertreue Fürst bis zuletzt Varus vor dem Verrat des Arminius warnte, aber kein Gehör fand. Eine wesentliche Motivation dürfte aber das politische Selbstverständnis des Arminius gewesen sein, der wohl ein König römischen Stils über möglichst viele Germanenstämme sein wollte, vielleicht auch dies in direkter Konkurrenz zu Marbod. Aus römischer Sicht kann es jedenfalls als gerechte Strafe für ihre Hybris gelten, dass sie beide ein unrühmliches Ende nahmen: Trotz einer Schlacht zwischen ihnen um die Vorherrschaft zwischen Markomannen und Cheruskern im Jahre 17 n. Chr., in der keiner einen entscheidenden Sieg verbuchen konnte, scheiterte Marbod an einer römischen Intrige und starb im Exil in Ravenna, Arminius wurde um 21 n. Chr. von seinen eigenen Verwandten umgebracht, sein Tod wurde nicht einmal mehr in den römischen Annalen verzeichnet. Nur dem Tacitus am Ende des Jahrhunderts galt er dann in Übertreibung der

36  So etwa Wolfram (wie Anm. 32), S. 39, und dann Krause (wie Anm. 30), S. 108.
37  Wolfram (wie Anm. 32), S. 39 f.

Tatsachen als Befreier Germaniens, und dieses Diktum ist
für die enthusiastische Beurteilung des Arminius in
Deutschland vom 16. bis zum 20. Jh. hauptverantwortlich.
Es war ebenfalls Tacitus, der erwähnte, dass die barbarischen Völker noch zu seinen Zeiten von den Taten des
Arminius gesungen hätten (*Annales* II,88), aber daraus einen direkten Vorgänger der Sigurdlieder der *Edda* (wie
Siegfried in der nordgermanischen Überlieferung heißt)
machen zu wollen, ist zweifellos überzogen, auch wenn
»von acht bekannten männlichen Familienmitgliedern [des
Arminius] fünf mit Sigi- (Sieg-) zusammengesetzte Namen«[38] trugen und er (wie Siegfried) von den eigenen Verwandten ermordet wurde. Jüngst[39] hat man sogar die von
Otto Höfler vor fast 50 Jahren geäußerte Theorie[40] wieder
hervorgeholt, nach der in der Heldensage der römische
Heerzug mit seinen Drachenstandarten zum Drachen geworden sei, den Arminius/Siegfried besiegt habe –
schließlich lokalisierten tatsächlich noch Skandinavier des
Hochmittelalters die Gnitaheide bei Paderborn als Ort des
Drachenkampfs und besuchten sie als »Touristenattrak-
tion«:

nach Paderborn [...]. Dann sind es vier Tagreisen nach
Mainz; dazwischen liegt ein Dorf namens Horhausen
und ein anderes namens Kilianstädten, und dort ist die
Gnitaheide, wo Sigurd den Fafnir erschlug.[41]

Der Untergang der Legionen des Varus hatte kaum
Konsequenzen: Zwar unternahm Tiberius vom Rhein aus
mehrere Strafexpeditionen, unterstützt von seinem Neffen

---

38 Ebd., S. 34.
39 Matthias Schulz, »Die Spur des Drachen«, in: *Der Spiegel*, Ausg. vom
   14. 5. 2005, S. 148–159, hier: S. 151.
40 Otto Höfler, *Siegfried, Arminius und die Symbolik*, Heidelberg 1961, bes.
   S. 96–121.
41 Zum Text des isländischen Abtes Nikulás mit deutscher Übersetzung vgl.
   Rudolf Simek, *Altnordische Kosmographie*, Berlin 1990, S. 484.

Germanicus, der 15 n. Chr. wenigstens bis zum Schlacht-feld am Teutoburger Wald vordrang, um die Gebeine der römischen Gefallenen in einem Grabhügel beizusetzen. Aber mehrere Schlachten zwischen Arminius und den Rö-mern brachten keiner Seite einen entscheidenden Durch-bruch. Immerhin erkannte spätestens Germanicus, dass die Nachschubwege bis zur Weser für einen permanenten Krieg einfach zu lang waren, und so wurden etwaige Pläne zu einer militärischen Eroberung Germaniens zwischen Niederrhein und Weser offenbar bald fallen gelassen.

## Unruhe unter den engsten Verbündeten: Der Bataveraufstand von 69/70

Die germanischen Bataver, die sich in der Rheinmündung niedergelassen hatten, galten als die verlässlichsten Hilfs-truppen der Römer in den Provinzen des Nordwestens; als tapfere und ausgezeichnete Reiter bekannt, bildeten sie auch einen Teil der Garnisonen am Rhein bis hinauf nach Mainz. Auslöser eines Aufstandes ausgerechnet dieser Truppen waren die Aufstände anderer Legionen von Gal-lien bis Nordafrika gegen die Misswirtschaft unter Kaiser Nero ab 68 n. Chr., denn das Todesjahr des Nero brachte statt der erhofften Verbesserung mehr Chaos in einem Jahr, in dem vier Kaiser regierten; der letzte von ihnen, Vitellius, war Befehlshaber der Rheintruppen, unterlag dann im Folgejahr seinem Widersacher Vespasian. Da Nero die damals in Britannien stationierten Bataver nach Italien abkommandiert hatte, sie dann aber noch im selben Jahr wieder zurückbeordert wurden, kam es nach zusätz-lichen Truppenaushebungen am Unterrhein auch bei ih-nen zu Meutereien. Als einer ihrer Anführer, der Offizier Julius Civilis, nach kurzer Gefangenschaft in Rom zu-rückkehrte, konnte er seine Landsleute, daneben aber auch andere Stämme wie Friesen, Brukterer, Tenkterer und Chauken sowie keltische Stämme für einen Aufstand gegen Vitellius gewinnen. Die Aufständischen planten, die Schwäche des Römischen Reiches zu nutzen, und begannen, systematisch Grenzkastelle zu zerstören. Die in Mainz als Hilfstruppen stationierten batavischen Kräfte marschierten nach Norden, um sich mit ihren Landsleuten zu verbinden, dabei kam es vor dem Legionslager in Bonn zu einer Schlacht gegen loyale Legionäre und belgische Hilfstruppen, welche die Bataver aber für sich entschieden. *Castra Vetera* (Xanten) blieb zwar Vitellius treu, wurde aber lange belagert, während andererseits Ubier und die keltischen Treverer in Trier sich dem Aufstand anschlossen; Letztere riefen sogar ein gallisches Sonderreich aus. Der dem Vespasian treue Civilis nahm im Jahre 70 das Lager *Vetera* ein und machte es zu seinem Hauptquartier, aber inzwischen war er auch für den neuen Kaiser selbst zur Gefahr geworden, und Vespasian schickte sechs Legionen aus Spanien und Britannien an den Niederrhein. Dort wurden im Moseltal zuerst die gallischen, durch Germanen verstärkten Truppen von seinem Feldherrn Cerialis geschlagen. In einer Schlacht vor Xanten wurde dann zwar auch Civilis geschlagen, aber es kam offenbar zu umfangreichen Geheimverhandlungen unter Mitwirkung einer bruckterischen Seherin, der Veleda, die Tacitus in seinen Historien wie den ganzen Bataveraufstand detailreich schildert (*Historiae* IV–V). Jedenfalls blieben die wesentlichen Akteure des Aufstands, vor allem der batavische Adel, vor Konsequenzen des Aufstands verschont, und selbst Civilis beendete sein Leben in einem unbekannten, aber wohl ehrenvollen Exil. Wie die Seherin Veleda nach Latium in Süditalien kam, wo sie ihr Leben offenbar als Tempelpriesterin in der kleinen Stadt Ardea beschlossen haben dürfte, ist unklar, jedenfalls wird sie dort im Jahre 77 als Gefangene genannt.

Obwohl der Bataveraufstand für Jahrzehnte die letzte Bedrohung des Imperiums durch die Germanen blieb, und auch dieser ja nicht aus der barbarischen Germania, sondern von letztlich romtreuen Hilfstruppen ausging, so saß die Furcht vor den Germanen seit den Kimbernzügen und besonders seit der Varusschlacht doch tief. Das bezeugt zum einen Tacitus' kleines, um 98 n. Chr. geschriebenes ethnographisches Werk, die *Germania*, von dem schon in den vorigen Kapiteln wiederholt die Rede war und welches letztlich bei aller versuchten (oder wenigstens vorgetäuschten) Objektivität zum Ziel hatte, die Römer die von den Germanen seines Erachtens immer noch ausgehende Gefahr nicht vergessen zu lassen.

## Der Limes an Donau und Main und die Hilfsvölker

Einen weiteren Beleg für die Furcht oder wenigstens den Respekt der Römer vor den Germanen bildete der Bau des Limes vom Ende des 1. Jh.s n. Chr. an. Da Vespasian und Domitian im Bereich des Mittelrheins kleinere Gebietsgewinne östlich des Rheins verzeichnen konnten und auch im Augsburger Raum die Grenze sich nach Norden von der Donau weg verschoben hatte, gab es zwischen Koblenz und Lorch und dann ostwärts bis fast nach Regensburg auf einer Strecke von fast 550 km nun keine nasse Grenze, wie sie im Norden vom Rhein und im Osten von der Donau gebildet wurde. Den Anfang des Limesbaus machte um 85 n. Chr. Kaiser Domitian im Taunusbereich mit der ersten Phase eines Limes, indem er in den Wäldern Sichtschneisen mit Holzkastellen und einem Postenweg anlegen ließ. In einer zweiten Phase wurden diese Holzkastelle dann, etwa unter Kaiser Trajan (117–138 n. Chr.), durch eine durchlaufende Holzpalisade geschützt, in der dritten Phase um die Mitte des 2. Jh.s ersetzten Steinbauten die Holzkastelle. Erst in der vierte Phase wurde der obergermanische Limes durch einen 6–8 m breiten und 2 m tiefen Graben hinter der Palisade, dessen Erd-

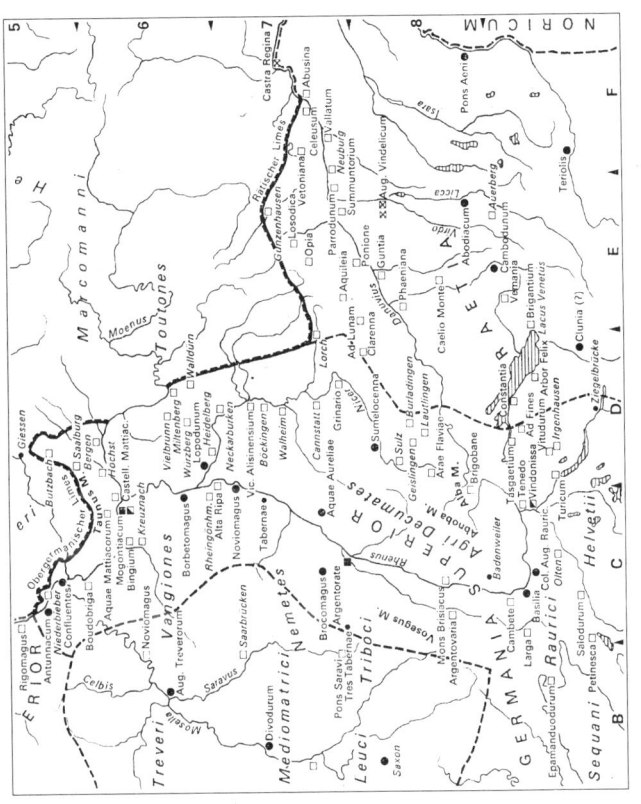

Karte 1: Verlauf des Limes vom Rhein zur Donau

reich zur Konstruktion eines Walles verwendet wurde, zu einer massiven Befestigung ausgebaut. Nur am rätischen Limes, also zwischen Lorch und Eining westlich von Regensburg, wurde die Palisade durch eine 2–3 m hohe, 1,2 m starke Steinmauer ersetzt.[42] Der Limes diente seinem Zweck bis um 260 n. Chr., denn auch schon in der ersten Bauphase erlaubten die Sichtschneisen den Besatzungen der Wachtürme, die sich in Abständen von 200 bis 1000 m befanden, jederzeit den Überblick über die Grenze zu behalten und somit die Grenze mit ihrer schwachen Besatzung von 3–5 Mann natürlich nicht gegen etwaige Feindeseinbrüche halten, aber doch jedenfalls ein »Frühwarnsystem«[43] aktivieren zu können. Die 900 Wachtürme, vielen kleineren Forts und 60 größeren Kastelle auf dieser Strecke zwischen Rhein und Donau erlaubten somit wenigstens die effiziente Überwachung dieses Grenzabschnitts.

Ein mit dem Limes verwandtes, etwa gleichzeitig (nämlich zwischen 170 und der Mitte des 4. Jh.s) errichtetes Küstenverteidigungssystem war das sogenannte *litus Saxonicum*, welches aus Festungen und Signalstationen bestand, die beide Seiten des Ärmelkanals auf einer beträchtlichen Länge vor den sächsischen Seeräubern schützen sollte. Die Errichtung einer derartig aufwändigen Verteidigungslinie weist auf die offensichtlich massive Bedrohung der Küstenflanken des Imperiums durch die germanischen Piraten hin.

---

42 Vgl. dazu Dietwulf Baatz, *Der römische Limes*, Berlin ⁴2000; Wolters (wie Anm. 31), S. 70–76.
43 Krause (wie Anm. 30), S. 131.

## Wetterleuchten des Untergangs:
## Die Markomannenkriege

Nach etwa 60 Jahren relativer Ruhe begannen 166 n. Chr. plötzlich ungeahnte Menschenscharen von Norden her die Donaugrenze zu durchbrechen. Da mit den jenseits der Donau siedelnden Völkern, wie den Markomannen, Quaden, Hermunduren und Naristen längst Verträge geschlossen worden waren, wiegten sich die Römer in den Blütejahren des Imperiums im 2. Jh. in relativer Sicherheit. Die Funddichte römischer Exporte in den grenznahen Gebieten der *Germania libera* zeigt denn auch, wie sehr bei diesen Völkern die Romanisierung wenigstens im Bereich der Alltags- und Sachkultur bereits fortgeschritten war. Überraschend kamen die Einbrüche über die Donau für die Römer dann umso mehr, als es vorerst eben nicht diese romanisierten, selbst am friedlichen und profitablen Zusammenleben mit dem Imperium interessierten Germanengruppen waren, die in das Reich vordrangen. Vielmehr spielten sich tief im Hinterland Germaniens offenbar so schwerwiegende Völkerverschiebungen ab, dass selbst vorher wenig bekannte Stämme wie die Langobarden die Grenze überschritten und auf die bislang bündnistreuen Truppen so viel Druck ausgeübt wurde, dass auch sie ins Reich vordrangen. Hintergrund all dieser Verschiebungen waren offenbar die beginnenden Wanderungen der Goten und die damit tiefgreifend in Bewegung geratenen Siedlungsgebiete Nordosteuropas.

Die Vorgänge des 14 Jahre währenden Markomannenkriegs[44] spielen sich in der Regierungszeit des Philosophenkaisers Marc Aurel ab und werden vom Historiker Cassius Dio geschildert, dessen Werk über diese Zeit aber nicht mehr im Original erhalten ist. Marc Aurel verbrach-

---

44 Peter Kehne / Jaroslav Tejral, »Markomannenkrieg«, in: RGA 19 (2001) S. 308–321.

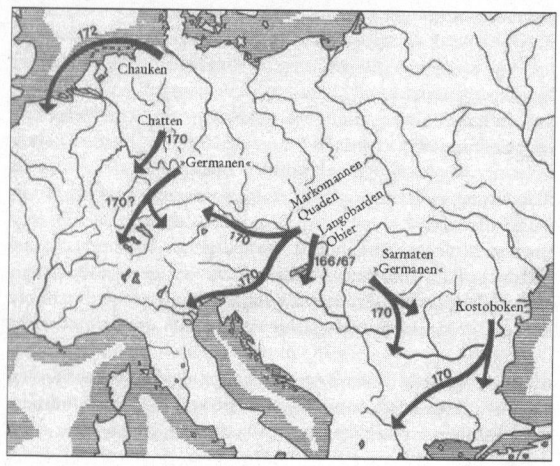

Karte 2: Germanische Einfälle zur Zeit der Markomannenkriege

te den wesentlichen Teil seiner Regierungszeit (161–180)
mit der Abwehr der nun einfallenden Germanenstämme,
obwohl auch im Osten des Reichs die Parther die Grenzen bedrohten. 166 überfielen angeblich 6000 Langobarden im Bereich der Provinz Pannonien, also grob zwischen Wien und der Mündung der Theiß in die Donau,
die Donaugrenze des Reiches und drangen in einem raschen Zug bis nach Aquileia an der oberen Adria vor.
Zwar konnte der Kaiser die Langobarden recht schnell
zurückschlagen, aber im folgenden Jahr waren es die Markomannen und Viktualier, anscheinend im selben Jahr
auch ein Heer aus Markomannen und Quaden, die nach
Süden vordrangen, und im nächsten Jahrzehnt wurden die
Provinzen Rätien, Noricum, Pannonien, Moesien und Dakien – also das Gebiet vom Main bis fast ans Schwarze

Meer – immer wieder von eindringenden Germanenstämmen überfallen und verwüstet. Anfangs musste das Reich
auf Zeit spielen, weil die Truppen durch den Partheraufsstand an der Ostgrenze des Reichs gebunden waren, und
noch 170 musste Marc Aurel jenseits der Donau eine Niederlage hinnehmen, aber bis 172 konsolidierte er die Lage
der römischen Truppen und führte von Carnuntum aus
rege Verhandlungen. Immer wieder wurden dabei Ansuchen auf Landzuteilung gestellt, was darauf hindeutet,
dass es sich nicht in erster Linie um militärische Plünderungszüge handelt, sondern dass die betroffenen Völker
auf Grund des demographischen oder politischen Drucks
zur Auswanderung aus ihren bisherigen Sitzen gezwungen
waren. Zwischen 172 und 175 konnte Marc Aurel vorerst
die Quaden als Verbündete gewinnen, die dann aber wieder von Rom abfielen, und ein Feldzug entlang der March
schuf Handlungsspielraum. Die Vielfalt der auftretenden
Stämme und die Verschiedenartigkeit ihrer Ziele machten
es dem Kaiser zwar schwer, selbst von seinen Hauptquartieren in Carnuntum und ab 173 in der pannonischen
Hauptstadt Sirmium aus eine einheitliche Linie gegenüber
den Barbaren zu finden, aber sein militärisches und diplomatisches Geschick führte zu einer Vielzahl von Verträgen, Bündnissen und Zahlungen, um die Gegner entweder
an das Reich zu binden oder sie wenigstens untereinander
zu spalten. Ein zweiter Abschnitt des Markomannenkriegs fällt in die Jahre 177/8–180, als neben den Markomannen auch Hermunduren, Sarmaten und wieder die
Quaden unter den Feinden genannt werden. Als aber
Marc Aurel 180 an der Pest starb und Commodus kurz
darauf den Triumph feiern konnte, war das Reich so weit
gefestigt, dass man sogar die Errichtung weiterer Provinzen jenseits der Donau plante. Aber aus historischer Sicht
ist in den Markomannenkriegen dennoch schon der Untergang des Römischen Reiches während der Völkerwanderung vorgezeichnet: Im 2. Jahrhundert konnte man die

Gefahr noch abwehren, im 5. Jahrhundert nicht mehr, auch hatte man die Zeichen der Zeit in Rom offenbar nicht richtig gedeutet. Andererseits stellt sich natürlich die Frage, ob auch bei einer korrekten Einschätzung der Vorgänge in Germanien das Römische Reich eine Überlebenschance gehabt hätte, aber diese Frage ist wie die gesamte Frage nach den »Gründen für den Untergang des Römischen Reichs« ohnehin heute in dieser Weise nicht mehr zu stellen[45], weil monokausale Fragestellungen nur für Teilbereiche dieses Gesamtkomplexes von vornherein danebengreifen müssen.

---

45  Walter Pohl, *Die Völkerwanderung*, Stuttgart 2002, S. 30 ff.

# 4

# Die Goten und andere Germanen im Osten

## Die Goten im Osten

Die Goten sind nicht erst seit *Asterix und die Goten* als unerschrockene, aber urtümliche Naturgewalt der Völkerwanderungszeit bekannt. Die Gotenzüge zwischen Ostsee, Schwarzem Meer, Oberitalien und Spanien haben die Phantasie der Nachkommen immer schon ähnlich stark beflügelt wie die ihrer berühmten Anführer vom fast 100-jährigen Ermanarich bis zu Theoderich dem Großen, der Anfang des 6. Jh.s ganz Italien beherrschte und als Dietrich von Bern in der Heldensage unsterblich wurde.

Ob die Goten, wie seit dem 16. Jh. allgemein angenommen, wirklich aus Skandinavien kamen, ist aus historisch-archäologischer Sicht ungeklärt, da sich keine archäologischen Zeugnisse für eine Wanderungsbewegung oder Neuansiedlung von Bevölkerungsgruppen an der südlichen Ostsee um die Zeitenwende finden.

Jedenfalls hatten die Goten bald nach der Zeitenwende an der Südküste der Ostsee gesiedelt, dort, am »nördlichen Meer«, erwähnt sie 98 n. Chr. noch Tacitus (*Germania* 43) als Gothones (später Ptolemäus als Gutones); woher sie ursprünglich kamen, ist noch immer ungeklärt, aber die Stammesgeschichte (*origo*) des Goten Jordanes nennt als Herkunftsgebiet Schonen, welches für ihn der Ursprung der meisten germanischen Völker ist. In seiner kurz nach 550 verfassten Gotengeschichte, die selbst wieder auf eine verlorene Gotengeschichte des Cassiodor zurückgriff, wird bereits die seit 489 errichtete Herrschaft der Ostgoten in Italien legitimiert, aber auch die Herkunft der Goten und ihre ältesten Wurzeln werden behandelt. Für Jordanes ist Skandinavien und besonders Schonen nicht nur das Herkunftsgebiet der Goten, sondern die »Völkerschmiede« schlechthin, die »Gebärmutter der Völker« (*Getica* 25 f.), welcher seiner Meinung nach offenbar alle ihm bekannten Germanenstämme der Völkerwanderungszeit entstammen. Wie noch bei der Darstellung der einzelnen Germanenstämme zu zeigen sein wird, ist dies eine unzulässige Verallgemeinerung. Dass gerade die Goten aber aus Schweden kamen, dürften die Namensverwandtschaften zwischen den Goten, der schwedischen Region Götaland in Mittelschweden und der Insel Gotland wohl bestätigen; ob eine davon und welche wirklich die Urheimat der Goten war, ist dagegen nicht sicher. Jedenfalls sind diese ausgewanderten Skandinavier – und laut Jordanes war es nur ein kleiner Teil dieses Volkes – in ihren Wohnsitzen südlich des Baltikums von der Zeitenwende an archäologisch als Wielbark-Kultur im ostpommersch-masowschen Raum greifbar.[46]

Erst ab hier sind die sich um höchstwahrscheinlich skandinavische Traditionskerne formierenden Gruppen wohl als Goten zu bezeichnen, und von hier wanderten sie etwa ab der Mitte des 2. Jh.s n. Chr. nach Süden und Südosten weiter und sind schon im 3. Jh. an der unteren Donau, an der Nordküste des Schwarzen Meers und auf der Halbinsel Krim zu finden. Der von dieser gotischen Wanderung ausgelöste Druck auf andere Bevölkerungsgruppen in Osteuropa war offenbar massiv. Nicht nur wird dieser Druck in sagenhaften Berichten etwa der *origo gentis* der Goten greifbar (Jordanes, *Getica* 97), wo von einer Völkerschlacht zwischen Gepiden und Burgundern in diesem Gebiet die Rede ist, sondern er löste auch Verschiebungen und Bewegungen aus, welche selbst weit südwestlich davon im pannonischen und südmährischen Gebiet spürbar waren, wo sie von den Römern als Markomannenkriege wahrgenommen wurden, als recht plötzlich

46 Herwig Wolfram, *Die Goten*, München ³1990, S. 49.

166 n. Chr. langobardische und andere Heerhaufen die mittlere Donau überschritten und bis an die obere Adria vordrangen (vgl. Kapitel 3).

Die ehemals römische Provinz Dakien, heute etwa der nördlich der Donau gelegene Teil Rumäniens, ging dem Imperium 257 endgültig verloren, faktisch aber schon 251, als der taktisch kluge gotische König Cniva die römischen Truppen unter Kaiser Decius auf dem Gebiet des heutigen Bulgarien vernichtend schlug und Decius selbst fiel. Nachdem sich die Goten in den zwei folgenden Jahrzehnten als Seeräuber auf dem Schwarzen Meer vor seinen römischen Küstenstädten betätigt hatten, drang 268 eine riesige Flotte, die außer mit Goten und Herulern wohl auch noch von anderen Gruppen bemannt war, bis tief in die Ägäis vor und griff u. a. den Peloponnes, Rhodos und Zypern an. Erst nach einer Niederlage der in den Provinzen Illyrien und Pannonien eingefallenen Goten gegen den römischen Kaiser Claudius bei *Naissus* (dem heutigen Niš) 268 sowie einer weiteren Niederlage des gotischen Königs Cannabas gegen Kaiser Aurelian 271 bildete für über ein Jahrhundert die untere Donau die relativ stabile Grenze, die sog. *ripa Gothica* (›gotisches Ufer‹) der Donau, zwischen den gotischen Siedlungsgebieten und dem Römischen Reich. Diese in Dakien siedelnden Goten, die 332 offiziell zu Föderaten, also Hilfstruppen, des Römischen Reichs wurden, nannten sich selbst Terwingen oder Vesier (davon wohl die Bezeichnung Visigoten) und werden heute Westgoten genannt, obwohl die ursprüngliche Bedeutung dieses Namens unsicher ist. Daneben werden schon ab 291 in diesem Gebiet auch Taifalen (als Teil der Goten?) und die Gepiden erwähnt.

## Westgoten

Diese dakischen Goten waren sehr früh mit dem jungen Christentum in Kontakt gekommen, denn angeblich hatten sie schon nach der Niederlage des Decius 251 christliche Gefangene mit über die Donau gebracht, und auch von weiteren Kriegszügen bis nach Kleinasien sollen die Goten im 3. und 4. Jh. christliche Kriegsgefangene mitgebracht haben. Diese Christen müssen einen derartigen Einfluss auf die Goten ausgeübt haben und zu so vielen Bekehrungen geführt haben, dass um die Mitte des 4. Jh.s Wulfila auf der Synode von Antiochien zum »Bischof der Christen im Land der Goten« geweiht werden konnte. Bis 348 hat Wulfila bekanntlich die erste Übersetzung der Bibel in eine germanische Sprache fertiggestellt, bekannte sich aber sowohl 381 auf dem ersten als auch 383 auf dem zweiten Konzil in Konstantinopel auf seinem Totenbett als Anhänger des Arius, dessen Lehre schon 381 verurteilt worden war. Die Lehre des Arius von Alexandrien (gest. 326) besagte, Christus sei nicht gottgleich, sondern er sei Gott nur wesensähnlich und sei selbst vom unnahbaren Gottvater geschaffen. Obwohl schon auf dem Konzil von Nicäa 325 erstmals verurteilt, wo man als orthodoxe Lehre die Wesensgleichheit von Vater und Sohn festgelegt hatte, verbreitete sich der Arianismus im Laufe des 4. Jh.s im ganzen römischen Imperium und besonders bei denjenigen germanischen Stämmen, die auf das Gebiet des Reichs vordrangen, wobei die Goten hier eine Vermittlerrolle gespielt haben dürften: Schon um 380 waren wohl alle Goten arianische Christen, wobei die aktive Förderung des Arianismus durch Kaiser Valens, selbst Arianer, in den ersten Jahren der Ansiedlung in Thrakien (also zwischen 375 und 378) nicht unterschätzt werden sollte; mit Ausnahme der Alamannen und Franken wurden zwischen dem 4. und dem 5. Jh. alle germanischen Stämme, die bis an das Römische Reich oder tiefer in dieses hinein nach Süden gezogen waren, vom Arianismus erfasst. Die Gründe für diese rasche Aufnahme des Arianismus bei den Goten und den anderen Stämmen sind Anlass zu Spekulationen, aber es ist jedenfalls eine Tatsache, dass der Arianismus sich für einige Jahrhunderte als eine spezifisch germanische Form des Christentums herauskristallisierte.

## Ostgoten

Die nördlich des Schwarzen Meers lebenden Ostgoten (*Austrogoti*) dürften sich mit Steppenvölkern wie den Sarmaten nicht nur verbündet, sondern auch vermischt haben, und im 4. Jh. regierte ihr König Ermanarich ein riesiges und mächtiges Reich im Osten Europas. Das etwa in der heutigen Ukraine gelegene Gebiet war durch seine Osterstreckung auch der erste Bereich, der durch den Hunneneinfall betroffen war, da das Ostgotenreich nach Osten hin keine festen Grenzen kannte, und als die Hunnen 375 massiv angriffen, blieb den Ostgoten nur die Flucht nach Westen; der greise König Ermanarich soll sich angesichts der Ausweglosigkeit der Lage selbst den Tod gegeben haben. Die Goten auf der Krim unterwarfen sich bald der hunnischen Herrschaft und sind durch Reste ihrer Sprache, des sogenannten Krimgotischen, bis ins 16. Jh. nachweisbar. Der Großteil der Ostgoten aber flüchtete vorerst nach Westen, nach Dakien zu den Westgoten, die unter diesem Druck jetzt die Donau überschritten und selbst ins Römische Reich auswichen; unter ihrem König Fritigern wurde ihnen vom schon genannten (Mit-)Kaiser Valens die Ansiedlung in Thrakien gestattet. Die Ostgoten dagegen, genauer die Greutungen, wurden von den nachdrängenden Hunnen unterworfen und bildeten in der Folge unter diesen, wie andere germanische Stämme – etwa die wenigstens teilweise gotischen Gepiden und die Alanen –, Gruppen von Föderaten in der römischen Provinz Pannonien.

## Das Tolosanische Reich der Westgoten

Die Westgoten in Thrakien dagegen waren mit ihrer politischen und besonders ökonomischen Situation unzufrieden und vernichteten 378 in der Schlacht vor Adrianopel (nahe dem heutigen Dreiländereck zwischen der Türkei, Bulgarien und Griechenland) mit Unterstützung der ostgotischen Greutungen das 30–40000 Mann starke römische Heer unter Kaiser Valens, der Kaiser selbst fiel. Dies war für die Goten offenbar das Zeichen, dass Rom keineswegs unbesiegbar war, und ab 391 begann der Marsch vom Balkan nach Süden und nach Westen. Spät im Jahre 401 verließen die Goten endgültig Makedonien und wandten sich nach Westen, nach Italien. Vor Verona kam 402 der gotische Vormarsch unter dem König Alarich zwar vorerst zum Stillstand, und die Jahre darauf plünderten die Goten Illyrien und Dalmatien, bevor Alarich 408 erneut nach Italien zog, wo sich Rom zwar vorerst freikaufte, aber im Sommer 410 den Goten in die Hände fiel und geplündert wurde. König Alarich starb allerdings noch im selben Jahr, und sein sagenhaftes »Grab im Busento«, wofür der Fluss umgeleitet worden sein soll, um später das Grab wieder zu bedecken (so Jordanes, *Getica* 30,158) dürfte ins Reich der Legende gehören. Die Goten hatten jedoch noch immer kein Siedlungsland in Italien bekommen. Auf Grund dieser politischen Pattsituation überschritten die Goten 412 die Alpen nach Norden und drangen nach Gallien ein, wo infolge der regionalen Machtkämpfe ähnlich chaotische Zustände herrschten wie in Italien. Auch hier fanden sich die Goten unter Alarichs Nachfolger Athaulf in der Rolle als »rebellierendes Foederatenheer«[47], welches in den Flügelkämpfen zwischen Usurpatoren um den Kaiserthron mitmischte und zugleich selbst instrumentalisiert wurde. Erst nachdem sie sich den Römern 416 unterworfen hatten und

---

47  Pohl (wie Anm. 45), S. 59.

für sie in Spanien Kriegsdienst geleistet hatten, bekamen die Westgoten 418 endlich Land zugewiesen, und zwar im südlichen Gallien zwischen den Pyrenäen und der Loiremündung. Dieses Gebiet in Aquitanien mit dem Zentrum um Toulouse und Bordeaux wurde als das Tolosanische Reich der Westgoten bekannt, welches sich durch den im römischen Auftrag geführten Krieg gegen Alanen, Wandalen und Sueben in Spanien auf die Pyrenäenhalbinsel ausdehnte. Nördlich der Pyrenäen hielt sich das Tolosanische Reich nur ein Jahrhundert, da die Franken unter König Chlodwig 507 Alarich II. besiegten, aber das spanische Reich der Westgoten dauerte bis zu seinem weitgehenden Untergang durch die islamische Expansion von Afrika aus bis 711 fort. Damit bildeten das Tolosanische und dann das Spanische Reich die einzigen einigermaßen permanenten Reichsbildungen der Westgoten, auch wenn nach 711 nur mehr geringe Reste der Goten, die ja in diesen Gebieten durchweg nur eine schmale Oberschicht gebildet hatten, nachweisbar sind; insgesamt dürften die Goten in Aquitanien weniger als 100 000 Personen ausgemacht haben.[48]

Das Tolosanische Reich war durch die Koexistenz der Goten mit der römischen Bevölkerung gekennzeichnet, vor allem auf wirtschaftlichem Gebiet, aber Alarichs Enkel Theoderid (auch Theoderich I., 418–451) war kein sonderlich verlässlicher Vertragspartner. Das Foedus zwischen Goten und Römern wurde wiederholt schwer belastet; 422 fielen die Goten auf einem Spanienfeldzug gegen die Wandalen ihren römischen Verbündeten in den Rücken[49] und belagerten ab 423 wiederholt die Hauptstadt Arles. Es ist in diesem Jahrzehnt der römische Heerführer Aëtius, der auch die Goten erfolgreich in Schach hält; er hatte als Geisel bei Alarich 405–408 die Goten aus erster Hand kennen gelernt. Bei der berühmten Schlacht auf den

48 Dietrich Claude, *Geschichte der Westgoten*, Stuttgart [u. a.] 1970, S. 37 f.
49 Wolfram (wie Anm. 46), S. 180.

Katalaunischen Feldern (bei Troyes) 451 standen aber die
Heere der Goten unter Theoderid und der Römer unter
Aëtius Seite an Seite und besiegten gemeinsam die hunnische Bedrohung unter Attila. Diese Völkerschlacht beendete den Vormarsch der Hunnen ein für alle Mal und ging
als Hunnenschlacht sogar in die germanische Heldensage
ein. Das dürfte das altnordische Hunnenschlachtlied
(*Hlöðskviða*, 9. Jh.?) bestätigen, nicht zuletzt, weil der
Tod des Gotenkönigs in dieser Schlacht der Heldensage
einen typisch personalisierten Anhaltspunkt bot, auch
wenn sich sonst über das Namenmaterial des Liedes keine
direkte Verbindung zur Völkerschlacht herstellen lässt.
Auf Seiten des Aëtius und der Goten kämpften die verschiedensten Völkerschaften Galliens, auch Burgunder
und selbst Alanen, auf Seiten Attilas aber ebenfalls Goten,
nämlich Ostgoten und Gepiden, die schon beträchtliche
Zeit unter hunnischer Herrschaft gelebt hatten.

### Die Ostgoten unter hunnischer Herrschaft

Die Ostgoten, anfangs noch besser als Greutungen zu bezeichnen, waren ab 375/376 unter die Herrschaft der vor-
stürmenden Hunnen geraten, aber selbst innerhalb des
Hunnenreichs war ihnen so viel Freiheit geblieben, dass
einzelne Gruppen immer wieder, teils friedlich, teils als
Plünderer, den Übertritt auf das römische Reichsgebiet
versuchten. Noch vor der Niederlage Attilas 451 hatten
sich Könige aus der Sippe der Amaler als Könige aller Goten innerhalb des hunnischen Reichs etablieren können,
aber ansonsten wissen wir kaum etwas über die Geschichte der Goten unter hunnischer Herrschaft für diese Periode.[50] Die mit den Römern paktierenden Greutungen unter den hunnischen Goten wurden 380 als römische Fö-

50 Ebd., S. 251.

deraten in Pannonien angesiedelt, wobei hier Greutungen, Alanen und Hunnen betroffen waren. Die Hunnenzeit fand in Mitteleuropa ein Ende, als Attilas Söhne nach dem Rückzug aus Gallien 454 am Fluss Nedao (in Südpannonien?) von einer Koalition aus Gepiden, Ostgoten und anderen Stämmen geschlagen wurden und sich wohl bis hinter den Dnjepr zurückzogen. Erst nachdem in der Folge wieder ein Föderatenverhältnis zwischen Rom und den Goten errichtet worden war, ließen sich Letztere in Pannonien nieder, und erst hier und nur kurz, nämlich von 456/457–473, konnte sich so etwas wie ein ostgotisches Reich herausbilden. Das Ende dieses Reichs kam 473, als sich diese Ostgoten unter den aus dem Amalergeschlecht stammenden Brüdern Thiudimir und Vidimir spalteten. Ersterer zog nach Südosten, der jüngere nach Südwesten. Hier erlitt Vidimir mehrere Niederlagen, bevor die Reste seiner Abteilung von Kaiser Glycerius 474 ins Tolosanische Reich der Westgoten abgeschoben wurden und in diesem aufgingen.

Die östliche Gruppe dagegen operierte jahrelang auf der Balkanhalbinsel unter Theoderich, dem Sohn Thiudimirs, der den Großteil seiner Jugend als Geisel in Konstantinopel verbracht hatte, mit immer neuen Kämpfen und Friedensschlüssen mit den Römern und Vorstößen bis Griechenland und Thrakien. Aber der in byzantinischen Ränken von klein auf geschulte Theoderich schloss mit dem oströmischen Kaiser Zenon 488 einen Vertrag, demzufolge er im Namen und Auftrage Zenons das weströmische Reich unter dem aus skirischem Geschlecht stammenden König Odoaker angreifen und bis zu seiner Ankunft für ihn beherrschen würde. Mit auf dem Zug nach Italien waren u. a. die letzten Reste der Rugier, deren Reich im heutigen Niederösterreich Odoaker 487 vernichtet und damit dem Donauraum für lange Zeit den letzten Stabilitätsfaktor geraubt hatte. Insgesamt soll das Heer Theoderichs etwa 20 000 Krieger umfasst haben, also waren insgesamt wohl 100 000 Personen am Zug beteiligt. Schon im Sommer 489 besiegte Theoderich Odoaker zweimal, einmal am Isonzo und dann vor Verona. Theoderich hatte zwar das Kriegsglück nicht immer auf seiner Seite, aber Einfälle der gallischen Burgunder in Nordwestitalien 489 und ein westgotischer Einfall unter Alarich II. 490 banden die Kräfte Odoakers so sehr, dass Theoderich 493 schließlich Ravenna, wo sich Odoaker verschanzt hatte, einnehmen konnte. Er schloss mit diesem einen Vertrag, den er aber nicht einhielt, sondern Odoaker eigenhändig erschlug. Damit war Theoderich König in Italien, und sein Vertrag mit Zenon hatte sich durch des Letzteren Tod 491 faktisch erledigt, sodass er sein gotisches Königtum über Italien bis zu seinem Tod 526 ausüben konnte. Sein Heer, das ohnehin nur mehr teilweise aus Goten, sondern auch aus Römern, später auch aus Herulern, Gepiden und sogar Alamannen bestand, wurde vorwiegend in Oberitalien angesiedelt.[51] Obwohl nach Theoderich einige seiner Enkel und andere Mitglieder des alten Königshauses der Amaler Könige wurden, konnte sich keiner von ihnen in den gewalttätigen Flügelkämpfen um die Macht in Italien länger behaupten, und ab 536 stand kein Amaler mehr für das Königtum zur Verfügung. Kämpfe mit dem byzantinischen Kaisertum mehr als die Kämpfe innerhalb der gotischen Elite prägten dann die letzten Jahre der gotischen Herrschaft über Italien unter Totila (der immerhin noch von 541 bis 552 regieren konnte) und Teja (552). Die kaiserlichen Truppen und Flotten hatten schließlich das Gotenheer so weit aufgerieben, dass ein kleiner Teil nach Norden abzog, die meisten sich aber unterwarfen und viele noch dazu an Seuchen zugrunde gingen. Seit 555 gab es die Goten als politische Größe faktisch nicht mehr.

51 Ebd., S. 300 f.

## Bastarner und Peukiner

Die Bastarner gehören zu den ältesten greifbaren Germanenvölkern im Nordosten, da sie schon vor 200 v. Chr., also vor den Kimbern und Teutonen und lange vor den Goten, von Gebieten vermutlich an der Weichsel nach Süden aufgebrochen waren und sich bald am Schwarzen Meer niederließen. Polybios berichtet schon im 2. Jh. v. Chr., dass die Bastarner gemeinsam mit den Skiren auf dem Balkan gegen die Römer kämpften, und auch die für diese Zeit am Bug lokalisierten (aber doch wohl keltischen!) Galater hat man mit den Bastarnern identifizieren wollen. Tacitus (*Germania* 46) und Strabon 306 fassten die Peukiner nur als eine Unterabteilung der Bastarner auf, Plinius (*Naturalis historia* 4,99) nennt Bastarner und Peukiner (aber als einen oder zwei Stämme?) als Nachbarn der Daker.[52] Das Kastell *Basternai* (bei Warna in Rumänien) könnte seinen Namen von ihnen haben[53], ist aber erst im 6. Jh. errichtet worden, während die Bastarner selbst wohl schon von den Goten vom Schwarzen Meer vertrieben wurden und seit dem 4. Jh. gar nicht mehr greifbar sind.

## Gepiden

Die Gepiden waren eine ostgotische Gruppe, die nach der Zeitenwende südlich des Ostbaltikums siedelte[54], aber noch im 3. Jh. nach einem Sieg gegen die Burgunder im Weichselgebiet nach Süden gezogen war und angeblich

---

52 Krüger (wie Anm. 15), I,40 und 50.
53 Hannsferdinand Döbler, *Die Germanen*, Frankfurt a. M. 1975, S. 78.
54 Über die möglichen Stammsitze ausführlich, wenn auch etwas unkritisch, Constantin C. Diculescu, *Die Gepiden. Forschungen zur Geschichte Daziens im frühen Mittelalter und zur Vorgeschichte des rumänischen Volkes*, Bd. 1, Halle 1922.

von den Ostrogothen (Greutungen) in Dakien um 250 Land verlangt hatte; nachdem sie aber von diesen in einer Schlacht irgendwo am Karpatenbogen vor 291 geschlagen wurden, ließen sie sich nördlich der Westgoten etwa im heutigen Siebenbürgen nieder, also zwischen Westgoten und Ostgoten. Als aber 375 die Hunnen den Don überschritten und Südosteuropa verheerten, rückten auch die Gepiden wie andere ostgotische Gruppen den über die Donau ins Römische Reich flüchtenden Westgoten nach und ließen sich nördlich der Donau nieder. Sie werden zwar von römischen Historiographen wiederholt mit den Westgoten genannt, aber in ihrer Rolle als den Römern feindliche skythische Völker auch gemeinsam mit Greutungen (Ostrogothen), Terwingen/Vesogothen, Peukinern, Herulern und selbst den Kelten. Wohl wegen ihrer Kämpfe gegen Burgunder und Ostgoten werden die Gepiden öfters auch als Feinde anderer Germanenstämme erwähnt. Zwar spielen sie bei den antiken Historikern keine Rolle, jedenfalls nicht als unmittelbare Bedrohung der Römer, aber reiche Schatzfunde aus ihrem Siedlungsgebiet um 400 belegen dennoch ihre intensiven kulturellen Beziehungen zum Imperium. Danach gerieten die Gepiden wie andere Ostgoten unter hunnische Herrschaft und siedelten währenddessen entlang der mittleren und oberen Theiß. Nicht nur nahmen sie bedeutende Positionen im Hunnenreich ein, sondern zogen auch mit Attila nach Westen und kämpften mit ihm auf den Katalaunischen Feldern. Nach Attilas Tod 453 besiegte der Gepidenkönig Ardarich wie gesagt am Nedao eine Koalition aus Hunnen und Ostgoten, verlor aber später die Kämpfe gegen die Ostgoten, bevor im frühen 6. Jh. die Langobarden statt der Ostgoten die Hauptfeinde der Gepiden wurden. Während der Hunnenzeit um 440 waren die Gepiden noch Heiden gewesen, aber ein Jahrhundert später (um 548) erwähnt Prokopius von Caesarea sie in seiner Geschichte der Gotenkriege während der Kämpfe mit den Langobarden schon als Anhänger des arianischen Glaubens, den sie wohl von den Westgoten als ihren nächsten Nachbarn übernommen haben dürften, da er zu diesem Zeitpunkt im Römischen Reich kaum verbreitet war. Ein Teil der Gepiden zog trotz der anhaltenden Feindschaft mit den Langobarden nach Italien (was in der bekannten Sage von Alboin und Rosamund bei Paulus Diaconus II,28 greifbar wird), während ein anderer Teil der Gepiden unter awarischer Herrschaft im Karpatenbecken verblieben sein dürfte, bevor sich ihre Spuren endgültig verlieren. Von ihrem Reich in der Theiß-Ebene ist 567 jedenfalls nichts mehr übrig, und nach 600 werden auch in der byzantinischen Geschichtsschreibung die Gepiden nicht mehr genannt.

## Skiren

Von den aus Osteuropa stammenden Skiren, die sich selbst wohl mit diesem Namen (›die Reinen, Unvermischten‹ oder aber ›die Leuchtenden, Hellen‹ im Gegensatz zu dunkelhäutigeren Nachbarvölkern?) bezeichneten, wissen wir wenig mehr als ihren Namen, den schon der in Rom als Geisel lebende Grieche Polybios im 2. Jh. v. Chr. erwähnt, weil die Skiren am Balkan ein Jahrhundert früher gemeinsam mit den Bastarnern auf dem Balkan gekämpft hätten. Über ihre weitere Geschichte hören wir erst lange danach, und da nur über wenige Jahrzehnte im 4. Jh. Diese spielt sich vorerst unter hunnischer Herrschaft ab, wenn wir von Odoakers Vater Edika hören, dass er eine bedeutende Stelle am Hofe Attilas innehatte und in dessen Auftrag mit Attilas Sekretär und dem späteren Heermeister Orestes 448/449 in Konstantinopel war, wo man ihn zwecks Beseitigung Attilas zu bestechen versuchte. Er verriet zwar den Plan an Attila, aber nach Attilas Tod 453 wandte er sich gegen Attilas Söhne und beteiligte sich als Führer der Skiren an der Allianz aus germanischen Stäm-

men unter ehemals hunnischer Herrschaft unter Ardarich,
welche in der genannten Schlacht am Nedao die Hunnen
besiegte. In der Landschaft Südpannoniens zwischen Donau und Theiß gründete er daraufhin ein skirisches Reich,
welches aber schon 469 von den Goten vernichtet wurde.
Die restlichen Skiren, die übrigens wohl wie Odoaker
selbst arianische Christen gewesen sein dürften, zogen
dann unter Odoaker nach Oberitalien, wo sie mit Gepiden und Rugiern als Föderaten in römische Dienste traten,
aber schon bald in einem Armeeputsch Odoaker zum König ausriefen. Als Theoderich nach seinen Siegen über
Odoaker 493 diesen eigenhändig umbrachte, wurden auch
die Familienmitglieder Odoakers getötet, und mit dem
Ende des skirischen Königshauses hörten auch die Skiren
als greifbare Einheit zu existieren auf.

## Rugier

Den Namen der Rugier hat man vor allem in der älteren
Forschung gerne mit dem norwegischen Landschaftsnamen Rogaland zusammengebracht, obwohl dieses mittel-
norwegische Gebiet als Herkunftsbereich der zuerst an
der südlichen Ostsee greifbaren Gruppe etwas abgelegen
zu sein scheint. Wahrscheinlicher aber gehört das Wort zu
german. *ruzi* ›Roggen‹. Die Rugier werden zwar sowohl
von Tacitus (*Germania* 43) als auch bei Claudius Ptolemäus (um 100 – 178 n. Chr., in seiner sogenannten *Geographie*, griech. *Geographike hyphegesis* 2,11) zwischen
Weichsel und Oder ansässig erwähnt, aber dann schweigen die Quellen lange über sie[55]. Die Annnahme, dass sie
von den Goten nach Westen abgedrängt worden seien, beruht nur auf dem Namen der Insel Rügen (deren Bewohner bei Beda Venerabilis kurz nach 700 *Rugii* genannt

---

55  Krüger (wie Anm. 15), S. 384.

werden) und sonst auf Spekulationen. Erst unter den
Hunnen wurden die Rugier wieder erwähnt, als sie sich
zuerst an der Theiß und nach 455 im nördlichen Ober-
und Niederösterreich niederließen. Eine Hauptquelle für
das kurzlebige Rugierreich im heutigen Waldviertel im
nördlichen Ober- und Niederösterreich ist die 511 verfasste *Vita* des hl. Severin, der ja seit etwa 454 an der Donau missioniert hatte[56] und schon vor seinem Tod 482 den
Untergang der Provinz Noricum und das Ende des Ru-
gierreichs voraussagte. Das Rugierreich ging in der Tat
487/488 in zwei Feldzügen Odoakers wieder unter. Die
Rugier hatten sich zum arianischen Christentum bekannt,
aber ob sie diesen Glauben erst an der Donau durch gotische Mission oder schon vorher an der Theiß durch die
Nachbarschaft zu den Westgoten angenommen hatten, ist
ungewiss. Statt der Zwangsumsiedlung durch Odoaker
nach Italien zu folgen, schloss sich die Mehrheit der Rugier dem Zug Theoderichs nach Italien an und ging dort in
seinem ostgotischen Reich auf.

## Heruler

Die Heruler (auch Eruler) werden ebenfalls zu den östlichen Germanen gezählt, auch wenn ihre Geschichte und
vor allem ihre Herkunft einigermaßen rätselhaft bleibt.
Wenn die etymologische Verbindung mit dem altnord.
*jarl*, angelsächs. *eorl* (engl. *earl* ›Fürst‹), urspr. ›Vorneh-
mer‹, dann ›Fürst‹, und nicht zuletzt mit der Selbstbezeichnung skandinavischer Runenritzer, nämlich *ErilaR*,
tatsächlich herzustellen ist, dann würde der Herulername
eher auf eine soziale (und/oder kriegerische und intellek-
tuelle?) Elite hinweisen als auf einen ethnischen Verband.
Die Heruler stammten ursprünglich wohl aus Schweden

---

56 Vgl. Pohl (wie Anm. 45), S. 124.

(aus Halland?), sie sind aber schon ab 267 am Schwarzen Meer zu finden, wo sie gemeinsam mit den Goten als Seeräuber und Plünderer auftreten und dann, mit einem wohl nur kurzlebigen Reich am Asowschen Meer, unter die Gewalt des Ostgotenkönigs Ermanarich gerieten, bevor sie zusammen mit den Ostgoten von den Hunnen unterworfen wurden.[57] Wenig später sind Heruler aber in Westeuropa als in Gallien und Nordspanien einfallende Piraten belegt, was eher auf ein noch (oder wieder?) nordeuropäisches Reich der Heruler schließen lässt (und damit auch zu der These von zwei herulischen Gruppen, den Ost-Herulern an der unteren Donau und den West-Herulern am Niederrhein, geführt hat, die aber nicht allgemein akzeptiert ist[58]). Osteuropäische Heruler sind jedoch um 470 entlang der March in der Provinz Pannonien zu finden, wo sie Nachbarn des pannonischen Reichs der Ostgoten waren[59] und wohl über diese zum Arianismus bekehrt wurden, obwohl angeblich Teile katholisch missioniert wurden. Nach der Umsiedlung der Rugier nach Italien durch Odoakar füllen die Heruler dieses Siedlungsgebiet nördlich der Donau im heutigen Österreich ab 488. Das Donaureich der Heruler kam jedoch mit der Niederlage gegen die Langobarden 508 rasch zu seinem Ende, wobei der Kampf der Heruler unter ihrem König Rodulf gegen die Langobarden und der Untergang der Heruler sowohl bei Prokopius von Caesarea (um 548) als auch bei Paulus Diaconus in einer bereits teilweise zur Heldensage umstilisierten Fassung erzählt wird. Beide Autoren zeichnen die Heruler als heidnisch und barbarisch, wie ihre Kampfeslust, Undiszipliniertheit und Barbarei geradezu ein Topos der antiken Schilderungen der Heruler zu sein scheint.

57  Ebd., S. 122 f.
58  Marvin Taylor, »Heruler«, in: RGA 14 (1999) S. 468–474, hier: 470.
59  Wolfram (wie Anm. 46), S. 267.

# Langobarden

Nun traten die Wandalen vor Wodan und baten ihn um den Sieg über die Winiler. Der Gott antwortete: »Denen will ich den Sieg verleihen, die ich bei Sonnenaufgang zuerst erblicke.« Gambara aber trat vor Frea, Wodans Gemahlin, und bat sie um Sieg für die Winiler. Da gab Frea den Rat: Die Winilerfrauen sollten ihre Haare lösen und sie wie einen Bart um die Gesichter hängen, sich dann aber früh am Morgen mit ihren Männern vor Wodan stellen, vor das Fenster gegen Sonnenaufgang, aus dem er zu schauen pflegte. Sie stellten sich also dahin, und als Wodan bei Sonnenaufgang hinausblickte, rief er: »Was sind das denn für Langbärte?« Frea antwortete: »Wem du Namen gabst, dem mußt du auch den Sieg geben.« Auf diese Art gab Wodan den Winilern den Sieg, und seit der Zeit nannten sich die Winiler Langbärte (Langobarden).

Die Langobarden, ursprünglich unter dem Namen Winniler, leiteten sich selbst wie die Goten und andere germanische Stämme der Völkerwanderungszeit aus skandinavischen Ursprüngen ab. Dies berichtet im 8. Jh. Paulus Diaconus, der Geschichtsschreiber der Langobarden, in seiner *Historia Langobardorum* (um 790), der sich wieder auf eine etwa 100 Jahre ältere anonyme *Origo gentis Langobardorum* berufen konnte, mit welcher er in vielem übereinstimmt. Der Ursprungssage in der *Historia* zufolge war ein Teil der Winniler wegen Überbevölkerung aus *Scandia* (eher: Skandinavien als *Scania* ›Schonen‹) ausgewandert und hatten sich unter Führung von zwei Brüdern, Ybor und Aio, und ihrer Mutter Gambara nach Süden aufgemacht. Davon ist archäologisch nichts zu verifizieren, bis sich die Winniler etwa im 1. Jh. n. Chr. an der Unterelbe finden; Vermutungen, dass das Land *Scoringa* (›Klippenland‹?), in dem sie sich zuerst niedergelassen hät-

ten, mit Rügen identisch sei, sind jedenfalls nicht zu erhärten. Von diesen Wohnsitzen an der Unterelbe brachen
sie erst im 4. Jh. (wegen zunehmenden Drucks durch die
Sachsen – oder wegen klimatischer Verschlechterungen an
der Unterelbe?) nach Süden auf und ließen sich vorerst im
heutigen Niederösterreich nördlich der Donau entlang
von March und Thaya in einem Gebiet nieder, das um
487/488 von den Rugiern nach Zerstörung ihres Reichs
verlassen worden war.[60]

Irgendwann vor dieser Zeit und ihrer Ankunft in *Scoringa* ist das eingangs zitierte namengebende Ereignis an-
zusiedeln, welches Paulus Diaconus (*Historia Langobardorum* I,8) ausführlich beschreibt und das seinen Wider-
hall noch in der Dänengeschichte des Saxo Grammaticus
(*Gesta Danorum*, Ende 12. Jh.) gefunden hat. Sicher ist jedenfalls (sagt auch Paulus), dass die Langobarden von ihren langen Bärten den Namen erhalten hatten.

Schon im Rugierland dürften wenigstens Teile der Langobarden zum Arianismus bekehrt worden sein, da um 490
von arianischen Langobarden im Donaugebiet berichtet
wird. Nachdem sie sich unter König Tato (und vielleicht
mit Rückendeckung durch die Franken?) nach einem Sieg
über die Heruler (um 508?), in deren Abhängigkeit sie für
einige Jahre geraten waren, die Vormachtstellung im nori-
schen und pannonischen Raum errungen hatten, gab Tatos
Neffe Wacho die Siedlungsgebiete in Niederösterreich ab
etwa 530/540 auf. Die Langobarden wanderten donauab-
wärts durch Pannonien an die Theißmündung, wo einzelne
Gruppen sich schon vorher niedergelassen hatten, und unterwarfen auf dem Weg Gruppen von hier siedelnden Sueben. Als Föderaten von Justinian hatten sie ab 546 die Rückendeckung Ostroms in ihren Kriegen gegen die Gepiden,

---

60 Jörg Jarnut, *Geschichte der Langobarden*, Stuttgart [u. a.] 1982; Wilfried
Menghin, »Die Langobarden«, in: *Die Bajuwaren. Von Severin bis Tassilo
488–788*, hrsg. von Hermann Dannheimer und Heinz Dopsch, Salzburg
1988, S. 87–100.

in denen sie sich durchsetzten und ab dem endgültigen Sieg 567 und dem Zusammenbruch des Langobardenreichs nach Westen expandierten. Wacho betrieb aber nicht nur eine »außerordentlich aggressive Expansionspolitik«[61], sondern auch eine strategische Bündnispolitik durch Ehen: Er war nacheinander mit einer thüringischen, einer gepidischen und einer herulischen Prinzessin verheiratet, und seine eigene Tochter gab er dem fränkischen König Theudebert zur Frau. 568 brachen die Langobarden aufs Neue auf und zogen massenhaft nach Italien. Aber erst etwa 600 ist ihr Reich in Oberitalien endgültig etabliert, und seit der Herrschaft Agilulfs 616 beginnt der Katholizismus den Arianismus abzulösen. Allerdings finden sich in langobardischen Gräbern in Italien schon vorher die typischen Goldblattkreuze, welche man als katholisch betrachtet, was auf katholische Mission – über Bajuwaren oder Alamannen? – schon deutlich vor 600 hindeuten könnte. Im 7. Jh. waren die langobardischen Könige besonders durch Heiraten eng mit der bairischen Herzogsfamilie der Agilolfinger verbunden, der Baiernherzog Tassilo (gest. 610) entstammte wie seine Schwester Theodelinde, Gemahlin der Langobardenkönige Authari und Agilulf, der ersten dynastischen bairisch-langobardischen Verbindung (vgl. Tafel 3, S. 136f.). Das Langobardenreich hatte eine im Vergleich zu den anderen völkerwanderungszeitlichen Reichsgründungen beträchtlich längere Lebensdauer, und erst die Siege der Franken unter König Pippin III. (754 und 756) sowie unter Karl dem Großen 774 konnten ihr Vordringen besonders in Mittelitalien hemmen und die Langobarden dem Frankenreich vorübergehend eingliedern. Otto der Große vereinigte schließlich das Langobardenreich Mitte des 10. Jh.s mit dem Kaiserreich, nur das langobardische Herzogtum Benevent tief im Süden Italiens bestand weiter unabhängig bis zur Normannenherrschaft Mitte des 11. Jh.s.

---

61 Jarnut (wie Anm. 60), S. 21.

## Das Reich der Wandalen in Afrika

Die Wandalen sind in ihren Urspüngen nur schwer greifbar, dürften aber schon im 1. Jh. v. Chr. im schlesischen Raum mit den (aus dem Iran stammenden?) Alanen verschmolzen sein, Anfang des 4. Jh.s sind sie in Siebenbürgen greifbar. Nach einer angeblichen Ansiedlung in Pannonien mussten sie in den 70er Jahren des Jahrhunderts vor den Hunnen flüchten und konnten sich vorübergehend in Rätien östlich des Bodensees niederlassen, von wo sie aber der in römischen Diensten aufgestiegene Feldherr Stilicho (gest. 408), selbst halber Wandale, vertrieb. Schon aus dem Osten könnte die Oberschicht den Arianismus mitgebracht haben, denn als die Wandalen nach 405/406 den Oberrhein in der Gegend zwischen Mainz und Worms überschritten, ist ihre Mehrzahl noch heidnisch, aber als sie 421 in Spanien die Römer besiegten und sich dort niederließen, wurden sie schon als Arianer bezeichnet.

Nach dem Rheinübertritt verheerten die Wandalen gemeinsam mit Alanen und Sueben fast drei Jahre lang Gallien, bevor sie Ende 409 nach Spanien vordrangen, wo sie ebenfalls das Land verwüsteten, bis sie es 412 durch das Los unter die hasdingischen Wandalen, die silingischen Wandalen, die Alanen und die Sueben aufteilten. Schon 416 war es damit vorbei, als die Goten in Spanien einfielen und in den folgenden beiden Jahren als römische Föderaten systematisch gegen die Neuankömmlinge vorgingen und sie besiegten. Nur die hasdingischen Wandalen kamen fast ungeschoren davon und setzten sich in der Folge nach Südspanien ab. Ihr neuer König Geiserich setzte 429 mit einem Teil der Wandalen und Alanen sowie auch Gruppen von Goten von Südspanien aus nach Afrika über und marschierte dann mit etwa 80–100000 Menschen in 10 Jahren die 2000 km bis zur nordafrikanischen Metropole Karthago, die 439 erobert wurde.[62] Hier

---

62 Herwig Wolfram, *Das Reich und die Germanen*, Berlin 1990, S. 236–249.

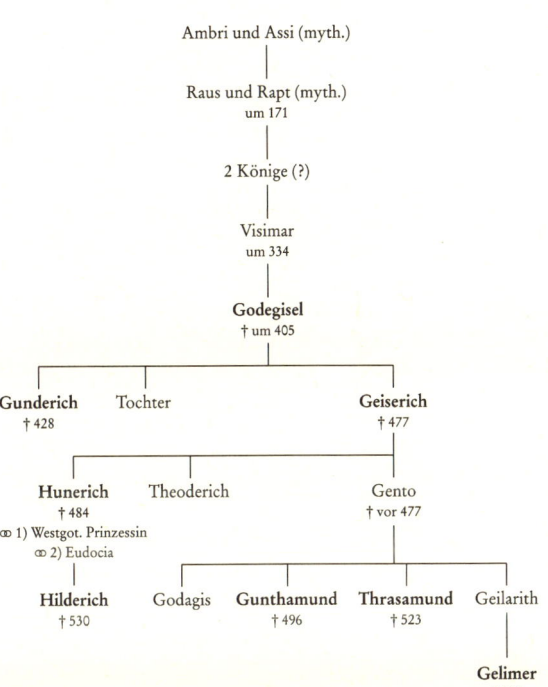

Tafel 1: Stammtafel der wichtigsten Herrscher
der hasdingischen Wandalen

entstand nun für ein Jahrhundert ein germanisch-arianischer Staat, der mit dem von Ravenna aus regierten Römischen Reich gleichrangige Friedensverträge schließen konnte und schließlich so mächtig wurde, dass Geiserich wegen der Gefahr einer Absage der Hochzeit seines Sohnes Hunerich mit der Kaisertochter Eudocia mit einer Flotte 455 Rom eroberte und trotz recht christlichen Vermeidens von Massakern die Stadt so gründlich plündern ließ, dass noch heute der Wandalismus seinen Platz in unserem Vokabular hat. Die Geschichte des Wandalenreichs ist von den inneren Glaubenskämpfen zwischen der arianisch-germanischen Oberschicht und der katholisch-römischen Bevölkerung geprägt, welche, unterstützt durch die Lehren des Augustinus, sich auch politisch zusehends gegen die arianischen Germanen durchsetzen konnte. Die Wandalen hatten sich aber für Ravenna wie für Ostrom zu einem politischen Problem entwickelt, nicht zuletzt, weil sie die Kontrolle über die afrikanischen Kornkammern des Reiches ausübten. Deswegen griff auch der oströmische Kaiser Leo I. 468 mit einer riesigen, aus angeblich 1100 Schiffen bestehenden Flotte Geiserich in Karthago an; dieser aber konnte mit seiner alten Taktik, einer Mischung aus Verhandlungen und plötzlichen Militäroperationen, die Flotte mit Hilfe von Brandern vernichten und somit sein Reich bis zu seinem Tod 477 (er wurde wohl fast 90 Jahre alt) wirksam schützen. Erst 533, als der letzte wandalische König Childerich (oder Hilderich, der Enkel Geiserichs) in einer Palastrevolte interniert wird, gelingt es nicht den Römern, sondern einem byzantinischen Heer, das afrikanische Wandalenreich zu vernichten und diesem erfolgreichsten Reich der Ostgermanen ein Ende zu bereiten.

# 5

# Die Germanen als »Naturgewalt«: Untergang und Neubeginn des Römischen Reiches

## Die germanische Bedrohung des *Imperium Romanum*

Nachdem die Geschichte der wichtigsten ostgermanischen *gentes* auf den Wanderungszügen der Völkerwanderungszeit knapp skizziert wurde und bevor der Aufstieg und die Entwicklung anderer im Westen als Nachfolger des Römischen Reichs gezeigt werden soll, muss trotz der chronologischen Probleme noch etwas über das (angebliche) Ende des Römischen Reichs gesagt werden.

Als Kimbern und Teutonen auf ihrer langen Wanderung im Jahre 113 v. Chr. in Kärnten erstmals ein römisches Heer besiegten und dann sowohl 105 als auch 102 v. Chr. in Südfrankreich auftauchten, waren die Germanen schon gefährlich nahe an das italienische Mutterland des Imperiums herangekommen (vgl. Kapitel 1, S. 54–58). Die Varus-Schlacht beim Teutoburger Wald 9 n. Chr. mag sich dann fern von Rom abgespielt haben, aber die Vernichtung von drei Legionen konnte auch die römische Bevölkerung nicht unberührt lassen. Während der Markomannenkriege schließlich gelang es germanischen Gruppen wie den Langobarden gleich im ersten Anlauf im Jahre 166, bis nach Aquileia und an die Adria vorzudringen, und obwohl diese Ereignisse zeitlich fünf Generationen auseinander liegen, bestätigten sie doch die schon 98 n. Chr. von Tacitus geäußerte Furcht, dass man sich in Rom vor den Germanen niemals ganz in Sicherheit wiegen könne.

## Hunnisches Intermezzo

Dennoch ging die nächste Bedrohung des Imperium Romanum nicht von Germanen aus, sondern zunächst von den Hunnen; es ist jedoch fraglich, ob dies von den Römern auch sofort so wahrgenommen wurde, denn der Hunneneinfall in Osteuropa löste zuerst mächtige Völkerverschiebungen unter den Germanen Zentraleuropas aus, wovon der Übertritt einer riesigen Zahl von Goten über die untere Donau den Römern und ihren Geschichtsschreibern als Erstes greifbar wurde (siehe Kapitel 4, S. 79 ff.). Der Versuch ihrer Eingliederung war zwar für die osteuropäischen Gebiete des Imperiums in der Folge destabilisierend, wurde aber zuerst von der römischen Administration nicht so wahrgenommen, da die Goten auf der Flucht vor den Hunnen um Aufnahme und Land baten und daher vorerst als willkommene Rekruten für die römischen Heere angesehen wurden.[63]

Die Hunnen waren 375 aus dem Osten kommend erst auf das wohl im Bereich der heutigen Ukraine liegende Reich des Ostgotenkönigs Ermanarich gestoßen. Woher die Hunnen tatsächlich genau kamen und welche der historisch greifbaren asiatischen Völker am Beginn des 1. Jahrtausends sie repräsentieren, ist bis heute ungelöst. Wahrscheinlich ist, dass die Hunnen schon vor dem Zusammentreffen mit den Germanen eine Sammlung verschiedenster ethnischer Gruppen darstellten, die sich diesem Völkerzug nach Westen unterwegs angeschlossen hatten oder unterworfen worden waren.

Jedenfalls brach das Ostgotenreich mit seinen nach Osten offenen und ungeschützten Grenzen unter dem Hunneneinfall umgehend zusammen, der (über 90 Jahre?) alte König Ermanarich beging Selbstmord, die Goten flüchteten nach Westen. Nur die Goten auf der Halbinsel Krim unterwarfen sich den Hunnen und blieben unter hunnischer Herrschaft auf der Krim zurück. Als die vor den Hunnen nach Südwesten ausweichenden Ostgoten auf die nördlich der unteren Donau in Dakien und Moesien siedelnden Westgoten trafen, versuchten viele von diesen, selbst auf das römische Reichsgebiet zu übersiedeln; unter dem (Mit-)Kaiser Flavius Valens (364–378) wurden sie zuerst im nördlichen Thrakien angesiedelt.

Die Tragweite der hunnischen Invasion war den Römern aber wohl zu diesem Zeitpunkt noch kaum bewusst, da sie es vorerst mit den Westgoten zu tun hatten, die mit den Umständen ihrer Ansiedlung zutiefst unzufrieden waren, in Thrakien immer wieder gegen die römische Herrschaft aufstanden und Valens 378 in der Schlacht von Adrianopel Sieg und Leben kosteten.

Die Ostgoten nördlich der Donau wurden aber schließlich wie die Gepiden und die Alanen von den Hunnen unterworfen und konnten unter hunnischer Herrschaft in Dakien und Pannonien siedeln. Anscheinend stellte die Ansiedlung unter einer inzwischen nördlich der unteren Donau und im Karpatenbecken gefestigten hunnischen Herrschaft für einige germanische Völker eine Alternative zur Ansiedlung und Integration ins Römische Reich dar: »Die Völker mußten sich entscheiden, ob sie römische oder hunnische Goten, Gepiden, Eruler, Skiren, Burgunder, ja selbst Franken werden wollten. Wer sich dieser Entscheidung zu entziehen suchte, hatte mit der gemeinsamen Gegnerschaft von Römern und Hunnen zu rechnen.«[64] Auf dieses Gebiet nördlich des Unterlaufs der Donau beschränkte sich bis zum Regierungsantritt der Brüder Bleda und Attila im Jahre 435 die hunnische Herrschaft, es bestanden enge, wenn auch keineswegs freundschaftliche Beziehungen zum Römischen Reich, wie die Flucht des römischen Heermeisters Aëtius 433 belegt,

---

64 Wolfram (wie Anm. 62), S. 184.

welcher seine Position im Römischen Reich dann nur mit Hilfe hunnischer Truppen durchsetzen konnte. Ostrom bezahlte bis 444 Jahrgelder an die Hunnen, welche aber eher symbolischen Charakter hatten. Als Attila 444/445 seinen Bruder ermordete und Alleinherrscher über Hunnen, Goten und Gepiden wurde, änderte sich das Bild: Zuerst besiegte er 447 die oströmischen Truppen und zwang Konstantinopel zu Tributzahlungen. Früh im Jahre 451 brachen dann die Hunnen unter Attila donauaufwärts nach Westen auf, und mit ihnen marschierten auch Gepiden, Ostgoten, Rugier, Skiren und Eruler. Schon im April überschritten sie den Mittelrhein, Metz fiel, und die Verheerungen waren offenbar geradezu traumatisch für die Provinz Gallien. In der berühmten Völkerschlacht auf den Katalaunischen Feldern bei Troyes im Jahre 451 besiegte aber der römische Heermeister Aëtius mit Hilfe des Westgotenkönigs Theoderid die Hunnen und die Ostgoten, wobei zwar Theoderid fiel, aber Attila zum Rückzug gezwungen wurde. Schon ein Jahr später jedoch überfiel Attila von Pannonien aus Italien und eroberte nach Aquileia und Pavia auch Mailand. Dort brach dann in seinem Heer angeblich eine Seuche aus, er musste den Rückzug antreten und starb selbst im Jahr darauf an seinem Hof in Pannonien in der Hochzeitsnacht mit der Germanin Ildico. Unter seinen Söhnen erhoben sich die unter hunnischer Herrschaft stehenden Gepiden, Skiren und andere Gruppen und fügten den Hunnen 454 (oder 455) irgendwo in Südpannonien (an einem unbekannten Fluss namens Nedao) eine entscheidende Niederlage zu, wobei auch die Ostgoten zu den Verlierern zählten. Im selben Jahr wurde Aëtius ermordet, der bis dahin die faktische militärische Herrschaft über das Westreich ausgeübt und dort für relative Stabilität gesorgt hatte.

Die hunnische Bedrohung des Römischen Reichs im 2. Viertel des 5. Jh.s war zwar kurz, aber intensiv: Die Abtretung der Provinz Pannonien um 433, der Eroberungsfeldzug nach Gallien 451 und die Plünderung Norditaliens 452 zeigten einmal mehr, wie verwundbar das Römische Reich war; allerdings war diese Bedrohung ausnahmsweise nicht von Germanen ausgegangen, auch wenn Ostgoten durchwegs, Gepiden, Heruler und Skiren meist auf der Seite der Hunnen aufgetreten waren. Die Allianz zwischen Aëtius und Theoderid gegen die Hunnen aber machte deutlich, wie sehr das Imperium auf die bereits integrierten Germanen angewiesen war.

## Germanen plündern Rom

Davor, daneben, aber auch gleichzeitig setzte sich während des knappen hunnischen Jahrhunderts von 375 bis 455 die germanische Bedrohung von anderer Seite fort. Wenn die Westgoten unter Theoderid auch wesentlich zum entscheidenden Sieg über Attila in Gallien beigetragen hatten, so war dieses Bündnis für die Römer eine zweischneidige Sache: es war kein halbes Jahrhundert her, dass die Westgoten die massivste Bedrohung Roms bislang überhaupt dargestellt hatten, als der Westgotenkönig Alarich 408 auf Rom maschierte war. Damit hatte der seit der oben erwähnten Schlacht von Adrianopel 378 begonnene Sieges- und Eroberungszug der Westgoten seinen vorläufigen Höhepunkt erreicht. Rom konnte sich diesmal zwar mit riesigen Summen freikaufen, aber nur zwei Jahre später, am 24. August 410, fiel Rom Alarich endgültig in die Hände und wurde geplündert. Der Tod Alarichs bald darauf konnte als Strafe des Himmels interpretiert werden, an der Tatsache, dass sich »barbarische Horden« in der ewigen Stadt bereichert hatten, änderte das nichts.

Man mag in der Plünderung Roms durch die Westgoten einen Wendepunkt sehen oder nicht, aber im Kontext der wechselnden Allianzen des späten 4. und frühen 5. Jahrhunderts zeigt es die prekäre Lage des Weltreichs, lange vor seinem offiziellen »Untergang«. Nicht nur Westgoten und Hunnen plünderten im 5. Jh. das italienische Mutterland des Reichs, sondern auch von Süden kam eine germanische Bedrohung.

Es ist darüber spekuliert worden, ob der Wandalenkönig Geiserich, der seit etwa 430 sein Reich um Karthago in Nordafrika errichtet hatte (vgl. Kapitel 4, S. 98–100), mitverantwortlich für den Gallienfeldzug Attilas 451 war, um seinen eigenen Rücken in Spanien von einem römisch-westgotischen Bündnis gegen das Wandalenreich freizuhalten. Wie auch immer, Geiserich begnügte sich nun nicht mehr mit der Kontrolle der afrikanischen Kornkammern des Reiches, sondern im Kampf um die Vorherrschaft im zentralen Mittelmeerraum gelang es ihm schließlich sogar, mit einer Flotte in Italien zu landen. Die Wandalen zogen daraufhin (mit massiver Unterstützung maurischer Truppen) am 2. Juni 455 kampflos in Rom ein, wo sie zwar auf Befehl ihres Königs (und auf Intervention von Papst Leo I.) das Leben der Bewohner schonten, aber die Stadt selbst überaus gründlich plünderten.[65] Die Frau und die Stieftöchter des Kaisers fielen Geiserich in die Hände, seine Tochter Eudocia wurde mit Geiserichs Sohn Hunerich verheiratet. Zu diesem Zeitpunkt war das kurzlebige Wandalenreich schon zu solcher Macht aufgestiegen, dass man in bestimmten römischen Kreisen an dieser Verbindung nichts Schmachvolles mehr sah. Zwar ist das Wort *Wandalismus* auf diese Plünderung Roms zurückzuführen, aber wie man in Rom selbst diese Ereignisse – nur 45 Jahre nach der gotischen Plünderung – sah, ist eine andere Frage. Obwohl noch immer Kaiser eingesetzt wurden und der administrative Apparat im Wesentlichen weiterbestand, konnte man sich wohl weder Illusionen über die militärische Situation des Reichs noch über die zivile Sicherheit in seinem Zentrum hingeben.

---

65  Ebd., S. 247.

## Der Verlust der Provinzen und der Zusammenbruch des Limes

Germanische Gruppen hatten schon viel früher die Rhein- und Donaugrenze des Reichs überschritten; von den Einfällen während des Markomannenkrieges wurde schon gesprochen. Im 3. Jh. waren es die Alamannen, die wiederholt am Oberrhein den rätischen Limes durchbrachen, wobei auch diese Vorstöße einzelner Kleinkönige erstaunlich tief nach Italien vordrangen, 253 von Westen her bis Mailand, 268 bis zum Gardasee, 270 bis Mailand und Piacenza und 271 bis Pavia. Ob mit einem massiven Angriff von 259/260, als die Alamannen ihn angeblich regelrecht überrannten, wirklich schon vom Ende des rätischen Limes gesprochen werden kann, ist mehr als fraglich[66], denn noch ein Jahrhundert später wurden Teile erneut verstärkt und befestigt, und die Garnisonen waren wenigstens zum Teil noch nach dem Abzug der Hunnen 452 wieder besetzt. Auch während des 4. Jh.s und danach versuchten die Alamannen wiederholt, Eingang in das Imperium zu finden; eine der Überschreitungen des Limes fand 365 am Oberrhein statt, und 406 überquerten die Alamannen gemeinsam mit den Burgundern die Grenze am Mittelrhein, konnten sich aber nicht wie die Burgunder linksrheinisch festsetzen. Allerdings ist aus heutiger Sicht sehr fraglich, ob nun im 4. und frühen 5. Jh. wirklich noch von einem »Überrennen« oder »Durchbrechen« des Limes gesprochen werden kann, weil die Besatzungen am Limes zusehends ausdünnten und einzelne Kastelle aus »Personalmangel« aufgegeben werden mussten.[67]

Mit diesen letzten heftigen Angriffen fällt aber zeitlich nicht nur der Angriff der Westgoten auf Rom eng zusammen, sondern auch Ereignisse in Britannien, die das Impe-

---

66 Wolters (wie Anm. 31), S. 103.
67 Pohl (wie Anm. 45), S. 105.

rium diese Provinz kosteten. Wie noch unten (Kapitel 7) zu zeigen sein wird, hatten die unterschiedlichen Linien der Ausdehnung in der römischen Provinz Britannien zu einer solchen Überdehnung der römischen Ressourcen geführt, dass nach Abzug des von den Legionären in Britannien zum Kaiser ausgerufenen Konstantin III. nach Gallien dann Kaiser Honorius (denn Konstantin wurde 411 hingerichtet) keine Truppen mehr für die westlichste Provinz entbehren konnte. Die Pikten und Iren sahen daher keine Gründe mehr, die Grenzen der Provinz zu respektieren, und intensivierten ihre Plünderungen, sodass die romanisierten christlichen Bewohner Britanniens angeblich gezwungen waren, eine Schutzmacht ins Land zu rufen, unter deren räuberischen Einfällen sie bisher zu leiden hatten, nämlich die Angeln und die Sachsen. Die als *litus Saxonicum* bekannte Küstenverteidigungslinie der Römer am Ärmelkanal war wohl spätestens nach Abzug der Legionen im Jahre 407 weitgehend wirkungslos geworden und konnte den Überfällen und Einwanderungsbestrebungen der Sachsen und der mit ihnen verbündeten Gruppen keinen Einhalt gebieten. Damit war auch die römische Provinz Britannien aufgegeben, selbst wenn sich die Briten in römischer Manier, aber nunmehr in Kleinkönigtümern, neu zu organisieren begannen.

Britannien 411, Pannonien 433 verloren, der rätische Limes wie die Donaugrenze nur noch von symbolischem Wert: dennoch wird all dies nicht als der viel zitierte Untergang Roms gewertet, sondern vor allem in der älteren Literatur wird der Untergang des Römischen Reiches fast ausschließlich mit dem Namen Odoakers und mit der Jahreszahl 476 verbunden, auch wenn diese Schulbuchdaten mehr als fragwürdig sein mögen.

Odoaker wurde offenbar 433 als Sohn eines Skiren in hunnischen Diensten geboren; sein Vater gründete nach der erwähnten Schlacht am Nedao 454/455 ein kurzlebiges skirisches Königreich in Südpannonien, das schon 469 von den Goten vernichtet wurde. Wir finden Odoaker dann zuerst in Noricum, bald darauf an der Spitze einer Armee von Skiren, Rugiern und Herulern in Oberitalien als Föderat des Kaisers Anthemius in Ravenna. Seine Stunde kam, als Kaiser Nepos nach Dalmatien floh und der vormals ebenfalls in hunnischen Diensten stehende Heermeister Orestes den letzten römischen Kaiser, den Kindkaiser Romulus Augustulus (»Kaiserlein«), als Marionettenherrscher eingesetzt hatte. Am 23. August 476 kam es zu Odoakers Machtergreifung mittels Königserhebung durch die barbarischen Föderatentruppen und kurz darauf zur Schlacht gegen den Heermeister Orestes in Pavia. Dessen Ermordung in Piacenza und die Absetzung des Romulus besiegelten in formaler Hinsicht das römische Kaisertum. Zwar regierte Odoaker bis 480 offiziell im Namen des sich im dalmatinischen Exil befindlichen Nepos, wie sich an den Münzprägungen ablesen lässt, aber von 480 bis zu seinem Tod als 60-Jähriger im Jahre 493 herrschte Odoaker endgültig allein über das Weströmische Reich. Mit dem Ende der Kaiser Westroms wurde deshalb früher der »Untergang des Römischen Reiches« festgesetzt, den man aber besser als »Nicht-Untergang des Römischen Reiches«[68] bezeichnen sollte, und zwar nicht nur im Hinblick darauf, dass der »Untergang« von den Einwohnern der Provinzen kaum als solcher wahrgenommen wurde, oder etwa darauf, dass es im Jahre 800 durch die Krönung Karls des Großen ja zu einem Neubeginn des Reiches, wieder unter »Kaisern«, kam.

Vielmehr zeigt es sich, dass der Zusammenbruch des Römischen Reichs (in seiner Funktion als verwaltungstechnische Einheit) keineswegs auf ein bestimmtes Datum festgelegt werden kann, wenn man denn einen völligen Zusammenbruch überhaupt akzeptiert: Einerseits fühlte sich Odoaker selbst, wenn schon nicht als Kaiser, dann

---

68 Wolfram (wie Anm. 62), S. 271.

doch als Herrscher des Römischen Reiches, der noch immer erfolgreich Feldzüge wie den gegen die Rugier nördlich der Donau im Jahre 487 führen konnte, andererseits hatten sich, wenn nicht in Italien, dann wenigstens in den gallischen Provinzen unter nomineller Herrschaft von »barbarischen« *gentes* ganze Reichsteile ihre römische Natur weitgehend erhalten. Die Anführer der gesellschaftlichen Elite dieser barbarischen *gentes* konnten sich, wenn sie sich durchsetzten, als römische Heermeister (wie der Franke Arbogast), als byzantinische Heermeister (wie möglicherweise der Franke Childerich), als römische Könige (wie der Skire Odoaker in Italien) oder später sogar wieder als Kaiser (wie der Franke Karl) positionieren. Auf Grund dieser Identifikation der germanischen Eliten mit Ämtern, Titeln und Funktionen des Römischen Reiches lag es nahe, dass sie dieses Reich (wenn auch nur in jeweils beschränkten Grenzen) mit den ihnen zur Verfügung stehenden politischen und militärischen Mitteln am Leben zu erhalten suchten.

Überhaupt führten die barbarischen »Eindringlinge« in das Reich nicht so sehr zu dessen Ende, sondern letztlich zu seiner Weiterführung unter anderem Vorzeichen, und die wichtigsten Invasionen gingen erstaunlich unblutig vor sich: Die Goten Alarichs drangen schon 410 fast ohne Kampf in Rom ein, die Wandalen 455 ebenso, Odoaker kam bereits in römischen Diensten stehend durch einen Armeeputsch an die Macht. Wenn es auch nicht angeht, die ins Reich integrierten *gentes* als Opfer der römischen Außenpolitik zu sehen, so ist doch die folgende Beobachtung richtig und auch folgenschwer: »Das Westgotenreich in Gallien wurde nach langen Verhandlungen und nach erfolgreichem Kampf der Goten gegen die Wandalen in Spanien eingerichtet; die Burgunder wurden schwer geschlagen und dezimiert, bevor sie Aetius in der Sapaudia ansiedelte; [...] Theoderich beseitigte Odoaker nach längerem Kampf im Auftrag des [oströmischen] Kaisers; der

Frankenkönig Chlodwig besiegte in Gallien neben dem Sohn eines abtrünnigen römischen Generals vor allem Franken, Alemannen und Westgoten; nur die Wandalen in Afrika und die Langobarden in Italien setzten sich als Invasoren durch.«[69] Es ließe sich auch noch die Zerstörung des Reiches der Rugier und ihre Neuansiedlung in Italien durch Odoaker im römischen Interesse anführen, aber wichtiger in diesem Kontext scheinen diejenigen *gentes* zu sein, welche trotz ihrer Konflikte mit dem Imperium offenbar von vornherein den Übertritt ins Reich gesucht, und dies, wenn auch dezimiert und geschlagen, schließlich erreicht hatten. Daneben agierten Gruppierungen wie die Franken oder auch die Langobarden zwar aus einer Position der Stärke heraus, aber dennoch im Hinblick auf eine angestrebte Integration ins Reich; ähnliches mag für Angeln und Sachsen in Britannien gegolten haben. Es wird in Kapitel 6 über die Reichsgründungen der Franken und anderer Stämme im Westen noch zu zeigen sein, dass das Jahr 476 nicht nur nicht den »Untergang des Imperiums« markierte, sondern dass sich die angeblichen Verursacher dieses Untergangs, die germanischen Stämme in Mittel- und Westeuropa, letztlich als die »besseren Römer« erwiesen.

69 Pohl (wie Anm. 45), S. 32.

# 6

# Die germanischen frühmittelalterlichen Staatengründungen im Westen: Franken und Burgunder

## Germanische Reiche als Nachfolger des Römischen Reichs

Als »Kampf der Kulturen« sah vor wenigen Jahren das Magazin *National Geographic* das Verhältnis von Imperium Romanum und Germanenvölkern, wenn es so seinen Leitartikel »Rom und die Germanen« untertitelte.[70] Nun gab es ganz zweifellos über Jahrhunderte hinweg Kämpfe zwischen den römischen Legionen und den verschiedensten germanischen Gruppen, und auch dass ein für alle Zeitgenossen deutlich erkennbares Kulturgefälle bestand, wird man kaum bestreiten können. Allerdings wäre es grundfalsch, von einem germanisch-römischen »Kulturkampf« zu reden, der ja voraussetzt, dass es sich um einen Kampf um die Vorherrschaft der einen oder anderen Kultur handelte. Ebenso falsch wäre es, den Kampf zwischen Germanen und Römern zu einem Religionskrieg zwischen heidnisch-germanischem Polytheismus und Christentum zu sehen: Weder hatte sich das Christentum in den ersten Jahrhunderten des Konflikts ausreichend durchgesetzt, noch konnten die Heiden in den unterschiedlichen Religionen allein ein Konfliktpotential erkennen; nur, wo sie politische Relevanz annahmen, wie bei Friesen und besonders dann bei den Sachsen, konnte der fälschliche Eindruck eines Religionskrieges entstehen.

---

70 *National Geographic Deutschland*, Februar 2003, S. 100–121, so das Titelblatt des Heftes, der Artikel selbst heißt »Kampf um Germanien. Am Rhein wendete sich Roms Schicksal«.

# Franken

Was wir heute mit den Franken zuerst assoziieren, ist natürlich der deutsche Landschaftsname *Franken* für das Gebiet um Würzburg und Nürnberg, welches aber erst am Beginn im 6. Jahrhundert durch die herrschaftliche Übernahme des bairischen Gebiets an die Franken unter den Merowingern fiel. Der Name selbst dafür ist aber erst Ende des 8. Jh.s als *pars Australium [Francorum]* ›Gebiet des Ostreichs [der Franken]‹ belegt, und erst im darauffolgenden Jahrhundert werden die Bewohner dieses Gebiets als *Francis occidentalis et australes* ›östliche und südliche Franken‹ bezeichnet; definiert wurde diese Landschaft eher über die sie umgebenden Ethnien und Gruppen, also durch die im Osten vordringenden Slawen, die Sachsen im Norden, die Baiern im Südosten und die Alamannen im Südwesten[71].

Im Mittelalter wurde während der Kreuzzüge der Name der Franken zu einer Sammelbezeichnung für Westeuropäer überhaupt[72], als welche sie im Orient noch lange in der Neuzeit überlebte. Andererseits tragen natürlich nicht nur Frankreich und die Franzosen, sondern auch die Landschaftsbezeichnung *Île de France* (für die Landschaft an der Seine) den Frankennamen weiter fort. Der Name der Franken war ursprünglich aber wohl Selbstbezeichnung, vulgärlateinisch *francus* bedeutete ›frei‹, dann auch ›Franke‹ oder ›fränkisch‹, ein Wort, das in anderem Kontext (»frank und frei«, »frankieren« ›freimachen‹) ebenfalls bis zum heutigen Tage überlebt hat.

71 Vgl. Wilfried Menghin, »Die Franken in Nordbayern«, in: *Die Bajuwaren. Von Severin bis Tassilo 488–788*, hrsg. von Hermann Dannheimer und Heinz Dopsch, Salzburg 1988, S. 101–107, hier: 101.

72 Pohl (wie Anm. 45), S. 185.

## Die Franken – die erfolgreichen Germanen

Man hat die Dominanz der Franken in der Geschichtsschreibung über die Germanen oft von ihrer Spätwirkung
her erklärt, also aus der Tatsache, dass historisch gesehen
sie es waren, die sich gegenüber den anderen Völkern
durchgesetzt und mit ihrer Reichsbildung den Weg zum
mittelalterlichen Europa und somit für die wesentlichen
Strukturen Europas bis heute bereitet haben.

Man kann es aber auch umgekehrt sehen, nämlich aus
der Sicht der völkerwanderungszeitlichen Stämme, die
zum Großteil *ein* Ziel hatten, nämlich den Übertritt in das
römische Imperium mit seiner ausgebildeteren ökonomischen und politischen Kultur oder wenigstens die Eroberung von Gebieten dieses Imperiums und damit die Teil-
habe an dem ökonomischen Mehrwert, den es produzier-
te. Sowohl die Goten mit ihrem Übertritt ins Reich an der
unteren Donau im späteren 4. Jh. und schließlich der Eroberung Italiens am Anfang des 5. Jh.s sowie der Gründung des Tolosanischen Westgotenreichs in Gallien, also
auf römischem Boden, als auch die Wandalen mit ihrer
(für sie) recht folgenlosen Eroberung Roms 455, als auch
die Langobarden mit ihrer Reichsgründung in Oberitalien
zu Ende des 6. Jh.s hatten ihr Ziel zwar erreicht, aber eben
nur vorübergehend. Die Franken dagegen mit ihrer sicherlich erst allmählich gewonnenen Überzeugung, das
Reich zu sich in die Provinz holen zu können, hatten die
letztlich effizientere Methode der Integration gefunden.
Schon die Eroberungen der Merowinger, die sich Thüringer, Alamannen, Bajuwaren und Langobarden noch im
5. oder frühen 6. Jh. unterwarfen, belegen die Überzeugung der Franken, dass für sie die äußere Peripherie des
Imperiums im nördlichen Gallien zum Zentrum des (neu-
en) Reichs geworden war. Es ist diese Überzeugung, die
zur *translatio imperii* geführt hat, zur »Überführung des
Reichs« zu den Franken nördlich der Alpen, welche die

Sonderstellung der Franken legitimiert, also die Tatsache, dass sie sich als Rechtsnachfolger des römischen Imperiums fühlen wollten und diesen Willen auch politisch durchsetzen konnten. Dass Childerich I. sich 481 in Tournai, noch als Kleinkönig in der Provinz Belgica, zwar mit heidnischen Pferdeopfern, aber mit den Insignien eines oströmischen Heerführers beisetzen ließ, zeigt, dass wenigstens bei ihm diese Idee schon mehr als nur ansatzweise vorhanden war.

Aber neben den unbestreitbaren militärischen Erfolgen der Merowinger über ihre Nachbarstämme und dem ja erst später als *translatio imperii* definierten Zentralgedanken der politischen Machtübernahme sind wohl noch mindestens zwei weiterere wichtige Faktoren für die zentrale Rolle der Franken unter den germanischen Stämmen und in der Reichsgeschichte verantwortlich gewesen, nämlich die konsequente Christianisierung einerseits und das offenbar mehr als bei anderen Stämmen vorhandene Selbstverständnis als *gens*, als eigenes, historisch wirksames Volk mit separater Abstammung, und, wie wir heute sagen würden, ausgeprägter Identität[73]. Diese beiden Faktoren mögen einander durchaus beeinflusst haben, denn die pure Schriftlichkeit als Vorbedingung für die Abfassung einer *origo gentis*, einer Herkunftsgeschichte des eigenen Stammes/Volkes, wurde ebenso erst durch das Christentum vermittelt wie die Kenntnis von diesem literarischen Genre als Mittel der Selbstdefinition. Andererseits mag die politisch erkannte Notwendigkeit der Einheit als *gens* durchaus die konsequentere Durchsetzung des Christentums befördert haben. Die Germanen hatten

---

73  Vgl. Herwig Wolfram, »*Origo Gentis*: The Literature of Germanic Origins«, in: *Early Germanic Literature and Culture*, ed. by Brian Murdoch and Malcolm Read, Rochester 2004, S. 39–54, hier: 39 f.; Herwig Wolfram, »Einleitung oder Überlegungen zur *Origo gentis*«, in: *Typen der Ethnogenese*, hrsg. von Herwig Wolfram und Walter Pohl, Wien 1990, S. 19–31, hier: 21.

die Römer trotz einer gerade in der römischen Aristokratie der Provinzen noch vorzufindenden pagan-römischen Religiosität in erster Linie als Christen kennen gelernt, und deshalb war die Anküpfung an die Aeneas-Sage als heidnischer Vorspann der Gründungsgeschichte Roms für die Germanen offenbar kein Problem, und die eigene Historiographie bediente sich dann auch durchweg dieses Strickmusters.

Neben der raschen katholischen Christianisierung – und diese hatten die Franken im 6. Jh. ja schon mit den meisten germanischen Stämmen Mitteleuropas gemeinsam – waren es aber vielleicht die Intensität und der Umfang der fränkischen Historiographie, welche die der anderen Stämme überflügelte.

Schon 533 hatte der römische Senator unter König Theoderich, Cassiodor (Flavius Magnus Aurelius Cassiodorus), die *Origo actusque Getarum* (›Herkunft und Taten der Goten‹) in 12 Büchern geschrieben, eine später kurz als *Getica* bekannte Gotengeschichte, welche zwar nicht erhalten ist, aber 551 dem gotischen (oder alanischen?) Bischof Jordanes die Grundlage seiner knapperen Schrift *De origine actibusque Getarum* (heute meist ebenfalls als *Getica* bezeichnet) lieferte. Schon bald nach dieser *origo gentis* der Goten, der in der Völkerwanderungszeit größten und mächtigsten germanischen *gens*, lieferte Gregor von Tours (um 540 – 593/594), seit 572 Bischof von Tours, die umfangreichste derartige *origo*, nämlich die *Gesta Francorum* (›Geschichte der Franken‹). Diese beschrieb erstmals nicht nur die Verbindung von Römischem Reich, Christentum und germanischem Stamm zur christlichen *gens*, sondern konnte auch auf heute längst verlorene merowingische Quellen zur Entstehung des Merowingerreichs zurückgreifen. Auf dieser Frankengeschichte beruhte dann u. a. der sogenannte *Fredegar*, eine zwischen 613 und 658 geschriebene Chronik des Merowingerreiches bis 643, die von verschiedenen Verfassern stammt.

Auch Bischof Isidor von Sevilla schrieb (neben seinen berühmten *Etymologiae*) 625 eine Königschronik der Westgoten, Wandalen und Sueben. Für die Langobarden verfasste kurz vor 800 Paulus Diaconus seine Langobardengeschichte unter dem Titel *Historia Langobardorum*, und im 10. Jh. gab Widukind von Corvey den Sachsen eine eigene Geschichte (die *Historia Saxonum*, 968 abgeschlossen).

Obwohl sich also auch etliche andere germanische Stämme später eine derartige *origo* verpassten, ließe sich argumentieren, dass mit der schon 591 abgeschlossenen Frankengeschichte, mit der Gregor von Tours die Franken in die Weltgeschichte schrieb, die politisch wirksam werdende Selbstdefinition der Franken als christliche *gens* gelang. Die militärische Überwindung der völkerwanderungszeitlichen Stämme und Kleinkönigtümer war den Franken im 6. Jh. durch die Unterwerfung der Nachbarvölker gelungen, für die Christianisierung waren mit der Taufe Chlodwigs schon 496 die Weichen gestellt. Beide Vorgänge verzeichnete Gregor nicht nur, sondern bettete sie in die christliche Heilsgeschichte ein. Abgesehen von den Franken gelang eine derartige erfolgreiche Selbstdefinition als christliche *gens* nur den Iren und den Briten. Bei den Iren war die Legende von der frühen Christianisierung und (angeblichen?) Vereinigung der Kleinkönigtümer unter dem hl. Patrick um 432 durch den Mönch Muirchú im 7. Jh. aufgezeichnet worden, und für die Briten postulierte später Beda Venerabilis um 731 gleich von Anfang an in einer gemeinsamen Kirchengeschichte mit dem programmatischen Titel *Historia ecclesiastica gentis Anglorum* (›Kirchengeschichte des angelsächsischen Volkes‹), dass die Unterschiede zwischen den angelsächsischen Kleinkönigreichen zugunsten einer gemeinsamen britischen *gens christiana* aufgehoben seien.

Ansätze zu einer geschichtswirksamen Historiographie besaßen zwar auch die Goten, diese verloren aber auf

Grund der politischen Verhältnisse (Untergang des gotischen Reichs in Spanien, dann auch des Tolosanischen Reichs) bald ihre Relevanz. Einzig bei den Langobarden scheint sich ein ähnliches Selbstverständnis entwickelt zu haben wie bei den Franken, auch wenn es durch die politischen Machtverhältnisse im Merowingerreich nicht annähernd ähnliche Dauerhaftigkeit erlangte. Allerdings weisen die wiederholten Versuche in Richtung einer langobardischen Unabhängigkeit von den Franken seit den Siegen Pippins 754 und 756 darauf hin, dass sie mehr als die anderen von den Franken unterworfenen Völker sich als eigenständige christliche *gens* fühlten, und erst Otto der Große im 10. Jh. konnte sie endgültig dem Römischen Reich eingliedern.

Es stellt sich natürlich die Frage, in welcher Weise die Historiographie bei den Franken (wie auch dann bei den Briten) konkret wirksam geworden ist, denn ein rein monastischer Vorgang wie in Irland war dies zweifellos nicht. Allerdings reicht ein Blick auf die politischen Aktivitäten Gregors von Tours, um zu zeigen, wie sehr er mit dem fränkischen Königshaus unter den Merowingerkönigen Sigibert, Guntram, Chilperich I. und Childebert II. verbunden war, in dessen Geschicke er immer wieder eingriff, abgesehen davon, dass seine Verehrung als Heiliger seinen Worten zusätzliches Gewicht verlieh; übrigens ist auffällig, wie viele Personen aus seiner Sippe als Heilige verehrt wurden.

Nur in diesem Umfeld der politischen, sozialen und religiösen Elite konnte sich offenbar ein schon heilsgeschichtlich eingebettetes Geschichtskonzept entwickeln, das auch politischen Fernblick eröffnete und damit planbare Politik als »Reichspolitik« ermöglichte. So wie Gregors und Bedas Werke eine umfassende Geschichtskonzeption über das annalistische oder chronikalische Verzeichnen von Ereignissen hinaus bedeuteten, so konnte damit auch die Politik über das bloße Reagieren auf die

Tagesereignisse hinaus nach einem übergeordneten Konzept handeln.

Einen zweiten Schritt in diesem Geschichtskonzept nach der Einbindung in lange Kontinuitäten innerhalb der Heilsgeschichte bedeutete die Ansippung der germanischen Stämme an die Trojaner. Vielleicht hatte schon Gregor von Tours dafür den Grundstein gelegt, als er die Franken erst einmal von Pannonien herleitete, jedenfalls kannte aber schon der *Liber Historiae Francorum* (um 727) die Auswanderung aus Troja und die Wanderung der Franken durch Südosteuropa bis an den Niederrhein. Aber schon bei Fredegar (1. Hälfte 7. Jh.) ist erstmals die Teilung der flüchtenden Trojaner unter Angabe ihrer (angeblichen) Siedlungsorte und Wanderwege zu finden[74], wobei ein Teil an den Rhein kommt und dort zu Vorfahren der Franken wird, ein anderer Teil am Unterlauf der Donau zu denen der »Türken«. Das niederrheinische, neugegründete Troja wird dabei mit (den Ruinen von) Xanten identifiziert. Als Quelle für die in der Folge wirkmächtige Trojanerabstammung der Franken mag dabei vielleicht der Verweis in der Weltchronik des Prosper von Aquitanien (5. Jh.) gedient haben, der zum Jahr 383 einen zweiten Priamus nennt, der im Frankenreich regiere.[75] Der wichtige Punkt dabei ist, dass diese frühen fränkischen Einwanderungsgeschichten ohne Aeneas auskommen, dass also die Franken nicht etwa (was ja auch ganz unhistorisch wäre) über die Römer und somit dann über Aeneas von den Trojanern abstammen, sondern direkt, auf dem Weg durch Mitteleuropa und ohne alle Irrfahrten. Bereits Fredegar glaubt aber, dass eine der Stationen der Trojaner auf dem Weg nach Nordwesten auch in Südskandinavien (in Schonen) gewesen sei, wo seines Wissens auch die Lango-

---

74 Fredegar, *Historia Francorum epitomata* II (Migne, *Patrologia Latina*, Bd. 71, S. 573–604, hier: 577B–C).

75 Vgl. Eugen Gerritz, *Troia sive Xantum: Beiträge zur Geschichte einer niederdeutschen Stadt*, Diss., Freiburg i. Br. 1963, S. 44.

barden herstammen, sodass diese fränkische Trojanersage
gleich den Weg zu einer Ur- (oder nur Sprach-?)Ver-
wandtschaft mit den Skandinaviern und den Langobarden
(inkl. der Unterwerfung Letzterer?) ebnet[76]. Wie daran zu
sehen ist, waren derartige »gelehrte Urgeschichten« mit
Ansippung an die Trojaner schon früh, und nicht erst im
Hochmittelalter, für das politische Selbstverständnis von
Relevanz.

## Die Franken unter den Merowingern

Der schon erwähnte Childerich I., noch Heide, mag von
diesen Konzepten erst eine vage Ahnung gehabt haben,
aber die Tatsache, dass er schon 18 Jahre vor seinem Tod
gemeinsam mit dem römischen Heermeister Aegidius erfolgreich die Westgoten bei Orleans bekämpfte, zeigt
deutlich, auf welcher Seite dieser mit der Verwaltung der
Provinz Belgica II betraute Kleinkönig bereits 463 stand.
Auch den weiteren Expansionsbestrebungen des Westgotenkönigs Eurich wusste Childerich einen Riegel vorzu-
schieben, ebenso brachte er die sächsischen Seeräuber an
der Atlantikküste unter Kontrolle, wobei sich der Vergleich mit Karl dem Großen 300 Jahre später aufdrängt,
der das *litus Saxonicum* neu belebte, wenn auch nun im
Kampf gegen wikingische Piraten aus Skandinavien. Nach
einem kurzen Exil am thüringischen Hof kam Childerich
mit der Thüringerin Basina zurück (eher eine Verwandte
des Thüringerkönigs als dessen gleichnamige Gemahlin),
was aber die Thüringer nicht vor der Unterwerfung unter

---

76 Zu den Beziehungen zur skandinavischen Ansippung an die Trojaner vgl.
   Rudolf Simek, »Der lange Weg von Troja nach Grönland. Zu den Quellen
   der gelehrten Urgeschichte in Island«, in: *Germanisches Altertum und
   christliches Mittelalter*, Festschrift für Heinz Klingenberg, hrsg. von Bela
   Brogyanyi und Thomas Krömmelbein, Hamburg 2001, S. 315–332, und
   Heinrich Beck, »Yngvi Tyrkja Konungr«, in: *Sagnaþing helgað Jónasi
   Kristjánssyni sjötugum 10. apríl 1994*, Reykjavík 1994, Bd. I, S. 55–68.

die Franken bewahrte. Mit seiner aggressiven Expansionspolitik, die aber durchweg mit den römischen Heermeistern abgestimmt war, ebnete schon Childerich den Franken den Weg zu ihrer Vormachtstellung, die sein Sohn Chlodwig erfolgreich ausbauen sollte, indem er sich taufen ließ und so die Franken rascher als die Nachbarvölker zu Christen machte.

Wie bei den meisten germanischen Völkern dürfte auch bei den Franken das arianische Christentum zwar einen gewissen Eingang gefunden haben, denn Avitius von Vienne berichtet (*Epistolae* 46) von den Bemühungen christlicher Missionare zweifelhafter Provenienz um König Chlodwig, aber Chlodwig ließ sich 496 katholisch taufen, wofür seine burgundische Ehefrau wohl die Hauptverantwortung trug, auch wenn die Historiker des Frühmittelalters für diese Entscheidung noch Wundergeschichten bemühten. In Wahrheit war wohl aber am Rhein das alte römische Christentum doch noch so stark verbreitet, dass Chlodwigs Entscheidung politisch motiviert war.

Der »kometenhafte Aufstieg«[77] Chlodwigs, der 482 an die Macht kam, kann u. a. mit seiner Doppelrolle (bzw. seinem Verständnis davon) als römischer Heermeister und als fränkischer König in einer Person erklärt werden, welche ihm nach dem Sieg über den konkurrierenden Heermeister Syagrius die Legitimation zur Expansion in Nordgallien verschaffte. In der Folge unterwarf er in mehreren Kriegen die Alamannen 496, 497 und wieder 506, die Westgoten 498 und 507, und als er 511 erst 45-jährig starb, konnte man ihn mit Recht als *primus rex Francorum*, als ersten König der Franken, bezeichnen (auch wenn dieser Titel erst später gebucht ist).

Chlodwig hatte vier Söhne, und trotz ihres erheblichen Altersunterschieds wurde das Reich erstmals geteilt, um

77 Eugen Ewig, *Die Merowinger und das Frankenreich*, Stuttgart/Berlin/
Köln ⁴2001, S. 20.

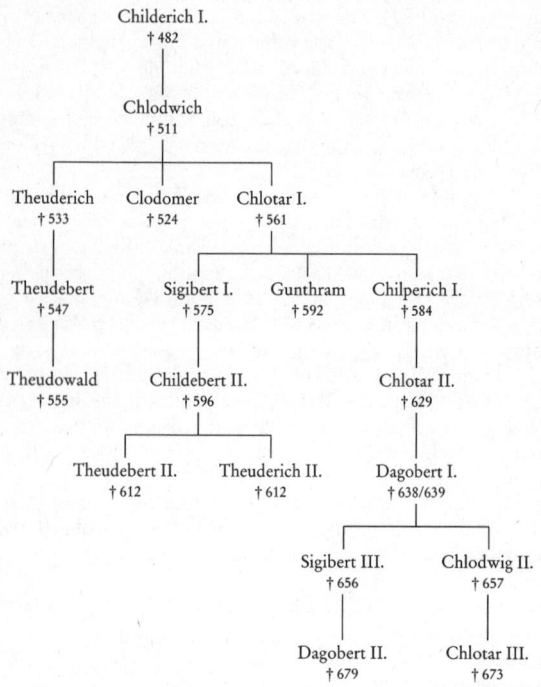

Tafel 2: Die wichtigsten Frankenherrscher des Frühmittelalters bis auf Karl den Großen. Merowinger (links) und Karolinger (rechts)

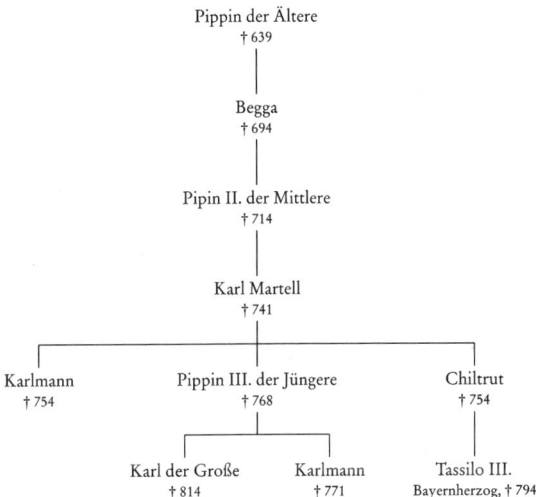

Pippin der Ältere
† 639

Begga
† 694

Pipin II. der Mittlere
† 714

Karl Martell
† 741

Karlmann
† 754

Pippin III. der Jüngere
† 768

Chiltrut
† 754

Karl der Große
† 814

Karlmann
† 771

Tassilo III.
Bayernherzog, † 794

die Ansprüche Theuderichs, Chlotars, Chlodomers und Childeberts zu befriedigen, obwohl sie das Reich auch weiterhin offenbar als Einheit begriffen. Aber die Expansionspolitik ihres Vaters betrieben sie weiter: Bis Chlotar als Letzter von ihnen 561 starb, hatten die Franken ihrem Reich nicht nur das ganze Gebiet der Westgoten im heutigen Südwestfrankreich, sondern auch die Gebiete der Thüringer und der Bajuwaren einverleibt; mit Ausnahme einiger Gebiete in Venetien und Noricum[78] blieb dies der Umfang des Merowingerreiches für die nächsten beiden Jahrhunderte. Da sowohl Chlothar I. als auch Chlodwig je vier Söhne hinterließen, kam es zu einer weiteren Reichsteilung, welche diesmal aber zu einem Bürgerkrieg führte. Noch dazu wanderten die Langobarden unter dem Druck des in ihren östlichen Siedlungsgebieten sich etablierenden Awarenreichs nach Oberitalien ein und erhöhten damit den äußeren Druck auf das Merowingerreich, wobei der Druck durch die Awaren im letzten Jahrzehnt des 6. Jh.s noch zunahm, gerade als mit Theudebert und Theuderich zwei minderjährige Söhne Childeberts II. nach seinem Tode 596 an die Herrschaft kamen. Wiederum wurde das Reich geteilt, wiederum kam es zwischen den beiden Herrschern zu blutigen Kriegen, die 612 mit dem Tod beider und ihrer Großmutter Brunichild einen Höhepunkt erreichten. Unter Chlotar II. (613–629) und seinem Sohn Dagobert (623/629 – 638 oder 639) kam es zwar zu einer Befriedung des Reiches, aber nach Dagobert auch zum Niedergang des ganzen Merowingergeschlechts: In der Folge wurden die Teilreiche für die unmündigen, z. T. auch sonst machtlosen Könige immer wieder durch Hausmeier regiert, die Könige selbst kamen immer wieder als Kinder an die Regierung und starben meist jung. »Auf Dagobert I. folgten in gut einem Jahrhundert (638/39–751) zwölf oder [...] fünfzehn Könige aus dem Geschlecht

---

78 Ebd., S. 37–41.

Chlodwigs«[79], Könige ohne Macht und ohne Wirkung auf die Nachwelt. Mit dem Tode von Childerich III. 751 endete die Linie, die in ihren Anfängen das Frankenreich über die anderen germanischen *gentes* erhoben hatte und es in ihrem eher kläglichen Ende immer noch, trotz aller Teilungen und Kämpfe, als Einheit bewahrte, das unter den Karolingern neue Expansion und erneuerte Macht erlangen sollte.

## Die Burgunder

Die Burgunder stammten ursprünglich vielleicht ebenfalls aus Skandinavien, möglicherweise von der dänischen Insel Bornholm, auch wenn die Etymologie von Bornholm als Burgundarholm (so auf Altnordisch; im wikingerzeitlichen Reisebericht des Wulfstan im altenglischen *Orosius* aus dem 9. oder 10. Jh. wird Bornholm ebenfalls als *Burgenda land* bezeichnet) nicht viel mehr als Spekulation bleiben muss. Allerdings war schon den Römern die Verbindung der Burgunder mit den Gutones oder sogar Vandili (Wandalen) im 1. Jh. n. Chr. bekannt, so bei Plinius d. Ä., welcher Mitte des 1. Jh.s in diesem Raum von *Vandilii quorum pars Burgundiones* spricht. Sie wohnten also offenbar schon seit dem 2./3. Jh. v. Chr. am Unterlauf von Oder oder Weichsel, auch wenn Tacitus sie nicht erwähnt, und Ptolemäus kennt sie im 2. Jh. n. Chr. ebenfalls in diesem Gebiet. Wegen dieser Siedlungsgebiete, die sie aber im Gegensatz zum teils sehr temporären Verbleib anderer germanischer Stämme fast 600 Jahre lang bewohnten, werden auch sie wie Goten und Langobarden zu den ostgermanischen Stämmen gezählt. Eine eigene Stammessage (*origo gentis*) hat sich für die Burgunder nicht erhalten, aber laut Gotengeschichte des Jordanes (*Getica* 97) wur-

den sie in einer Schlacht mit den Gepiden fast völlig aufgerieben. Tatsächlich aber dürften kleinere Bevölkerungsgruppen (mit den Gepiden?) nach Südosten ans Schwarze
Meer gezogen sein, während der Hauptstamm nach Westen wanderte und sich jedenfalls im späten 3. Jh. in der
rechtsrheinischen Gegend um den Main niederließ, wo er
die von den Alamannen soeben verlassenen Gebiete im
Norden des Dekumatslands (s. S. 130) in Besitz nahm.
Von dort wurden sie 403 durch die Hunnen vertrieben,
durchbrachen mit Alamannen, Alanen, Sueben und Wandalen 406 den rheinischen Limes und gründeten um
Worms ein kurzlebiges Reich (413–435), das sie als römische Föderaten bekommen hatten. Auch sonst scheinen
die Burgunder durchweg die Nähe zu Rom bzw. die Integration ins Römische Reich gesucht zu haben.[80] Dieses
Burgunderreich um Worms hat zwar in der deutschen
Heldensage seinen unsterblichen Platz gefunden – der König Gunther des *Nibelungenlieds* dürfte mit dem burgundischen König Gundachar zu identifizieren sein –, die
Burgunder wurden aber in der Provinz Belgica 435 von
den Römern unter dem Heermeister Aëtius geschlagen, da
sie offenbar versucht hatten, ihr Reich in die römische
Provinz Belgica hinein zu vergrößern. Das endgültige Aus
für das Burgunderreich kam 436, als sie von den mit Aëtius (zu diesem Zeitpunkt) verbündeten Hunnen vernichtend geschlagen wurden. Im Gegensatz zur Heldensage
fand der Untergang bzw. die drastische Dezimierung der
Burgunder durch die Hunnen und der Tod ihres Königs
aber nicht an Attilas (= Etzels) Hof in Pannonien, sondern
westlich des Rheins statt. Die restlichen Burgunder fanden
ab 443 ihre endgültige Heimat nach Umsiedlung durch die
Römer im Gebiet der Sapaudia, also westlich des Genfer
Sees und an der Rhône. Ob sie schon östlich des Rheins
am Main zu Ende des 4. Jh.s (vielleicht durch gotische

80  Laetitia Boehm, *Geschichte Burgunds*, Stuttgart [u. a.] 1971, S. 49 f.

Mission?) oder noch später durch die Westgoten in Gallien zum Arianismus bekehrt wurden, ist unklar, jedenfalls führte dies in den gallischen Wohnsitzen zu Spannungen mit den Franken. Zwar unterhielt schon König Gundobad (reg. 480–516) gute Beziehungen zum katholischen Klerus, und daher gab es sicherlich auch unter den Burgundern wegen der Nachbarschaft zu den Franken Katholiken, aber erst sein Sohn Sigismund wurde 505 zum Katholizismus bekehrt.

Das genaue Ziel der Umsiedlung der Burgunder als Föderaten ist umstritten: Die Landschaft Sapaudia ist zweifellos sprachlich mit dem späteren Savoyen identisch, aber ob das Ansiedlungsgebiet nur südlich des Genfer Sees bis etwa Grenoble lag oder sich auch in einem Bogen weit nach Nordosten bis über den Neuchâteler See oder gar den Vierwaldstätter See erstreckte, ist umstritten.[81]

Zwar erlitten die Burgunder in der Völkerschlacht auf den Katalaunischen Feldern als Föderaten des Aëtius gegen die Hunnen schwere Verluste, aber schon wenige Jahre später (455) konnten sie sich auf Grund eines Machtvakuums die Lyoner Gegend aneignen, und 474 weiter südlich Vienne. Die Burgunder verloren nach Ende des Weströmischen Reiches 476 wieder Besitzungen an die mächtigeren Westgoten, dennoch konnten sie später wieder Terrain gutmachen und hatten um 500 ein Reich ausgebaut, welches von Langres im Norden bis an die Durance im Süden, also die Rhône bis einschließlich Avignon, reichte. Auffälligerweise wird dieses Reich an der Rhône in den Quellen im 5. Jh. nie als *Burgundia* o. ä. bezeichnet, obwohl nach der Eroberung des Reiches durch die Merowinger 534 diese Gebiete als *regnum Burgundiae* in das Frankenreich einverleibt wurden und unter Childebert, Chlotar und Theudebert (vgl. Tafel 2) aufgeteilt wurden. Cassiodor benutzte um 507 den Begriff *Burgundia* für die

81 Reinhold Kaiser, *Die Burgunder*, Stuttgart 2004, S. 33 und 40 ff.

*gens*, nicht aber das Territorium an der Rhône, und erst
522 tritt der Begriff erstmals in territorialer Bedeutung auf.
Bei den Reichsteilungen der Karolinger wurde Burgund
mehrfach zerteilt, bis 843 die burgundischen Gebiete westlich der Saône Karl dem Kahlen zufielen, welche noch als
*regnum Burgundiae* bezeichnet wurden. Auf diesem Um-
weg hat das Reich an der Rhône der historischen Landschaft Bourgogne/Burgund ihren Namen gegeben und
sich im frühen 11. Jh. zum mittelalterlichen Herzogtum
(*ducatus Burgundiae / duché de Bourgogne*) und schließlich im 14. Jh. zur Freigrafschaft Burgund entwickelt.[82]

## Thüringer

Die Thüringer (Thuringi, Toringi, Thuringas), in römischen Quellen (bei Vegetius) um 400 erstmals erwähnt,
werden zu den elbgermanischen Stämmen gezählt. Sie
dürften auf die bei Tacitus (*Germania* 41) erwähnten Hermunduren zurückgehen, welche als Teil der Sueben angesehen wurden und das heutige Thüringen um den Zusammenfluss von Elbe und Saale besiedelten, das aber auch
noch starke keltische (und sogar illyrische?) Bevölkerungsreste aufwies. Um 480 erstreckte sich ihr Einflussbereich
vom Harz im Norden bis an die Donau im Süden, womit
das Thüringerreich wohl auch seine größte Ausdehnung
erreicht hatte. Venantius Fortunatus (gest. 601) berichtet,
dass Ende des 5. Jh.s ein thüringischer König namens Bisi-
nus mit einer langobardischen Prinzessin verheiratet gewesen sei, und seine Tochter Radegunde wurde wiederum mit
dem Langobardenkönig Wacho vermählt. Dagegen war
das Verhältnis der Thüringer zu den Franken offenbar
schon lange ambivalent: Childerich floh vor seinen eigenen
Landsleuten ins Exil an den thüringischen Hof, bei seiner

---

82 Ebd., S. 178 ff.

Rückkehr nach Tournai folgte ihm angeblich die Königin
der Thüringer – oder eine gleichnamige Verwandte? –, Basina, und wurde seine Frau. Ihr gemeinsamer Sohn Chlodwig (um 466 – 511) wurde einer der bedeutendsten Merowinger und verband damit die fränkische und thüringische
Königsfamilie. Schon 491 wurden laut Gregor von Tours
(*Gesta Francorum* II,27) Thüringer erstmals von den Franken unter Clovis geschlagen, dies war aber wohl nur eine
kleinere Gruppe, die am Niederrhein auf die linke Rhein-
seite übergesetzt war; der Krieg am Niederrhein zog sich
immerhin bis etwa 502 hin. Erstmals gelang den Franken
529 unter Theuderich I. ein Sieg über die Thüringer, in den
frühen 30er Jahren unterwarf der Merowinger sie endgültig, nachdem er ihren König Irminfried (welcher mit einer
Tochter Theoderichs verheiratet war, von dem er aber im
entscheidenden Moment keine Unterstützung bekam) er-
morden ließ. Unter seinem Sohn Theudebert I. (534–548)
wurden die Thüringer dauerhaft in das fränkische Reich
eingebunden, wobei die Sachsen einen Teil des nördlichen
Stammesgebiets als Dank für ihre Unterstützung der Franken zugesprochen bekamen.

## Alamannen (Alemannen)[83]

Ende des 3. Jh.s tauchen die Alamannen in den römischen
Geschichtsquellen auf, offenbar wurden sie von den Römern zu dieser Zeit recht plötzlich als eine den Limes am
Oberrhein bedrohende Gruppe wahrgenommen, wenn
auch keineswegs sicher ist, ob und wie sie sich ethnisch

83  Obwohl in der jüngeren Literatur eine Tendenz gegen die »archaisierende
Schreibweise« Alamannen festzustellen ist, möchte ich mit der Schreibung
Alamannen signalisieren, dass es sich durchweg nicht um die heutigen
Sprecher des Alemannischen handelt, die hier gemeint sind; vgl. dazu
Klaus Düwel, »[Rezension zu] Walter Pohl: Die Germanen«, in: ZfdA 131
(2002) S. 359–367, hier: 366.

von den fast gleichzeitig im Norden am Niederrhein greifbar werdenden Franken unterschieden.[84] Auch ihr Name,
der ja leicht durchschaubar »Alle Mannen« bedeutet und
Parallelen in anderen germanischen Sprachen hat, taucht
erst nach 200 auf und wurde vom byzantinischen Historiker Agathias (nach einer älteren römischen Quelle, einem
Asinius Quadratus) als »zusammengewürfelt und vermischt« gedeutet, bezeichnete also entweder im Selbstverständnis der Namensträger eine Sammlung verschiedener
(ethnischer?) Gruppen oder war eine pejorative Fremdbe-
zeichnung. Diese Sammlung oder Stammeswerdung der
Alamannen dürfte wohl erst im Laufe des 3. Jh.s im
Zehntland geschehen sein. Dieses von den Römern als De-
kumatsland (*agri decumates*) bezeichnete Gebiet (weil die
von ihnen in dieses Militärgrenzland seit dem 1. Jh. ange-
worbenen Ansiedler einen Pachtzehnten zu zahlen hatten,
daher eben Zehntland) umfasste das Land östlich des Mittelrheins und nördlich des rätischen Limes bis an den
Lech und die obere Donau, also ein grob zwischen den
Städten Mainz, Freiburg, Füssen, Augsburg und Regensburg gelegenes Gebiet, jedenfalls nach Osten hin deutlich
weiter ausgreifend als das heutige Land Baden-Württem-
berg. In dieses dünn besiedelte Militärgrenzland drangen
die Alamannen ein, unterstützt durch die teilweise Ent-
blößung der Limeskastelle auf Grund innerrömischer
Machtkämpfe. Wie später bei den Bajuwaren (s. S. 133–139)
ist also wohl auch die Frage nach einer »Urheimat« der
Alamannen müßig, weil sie sich als solche erst im 3. Jh.
ebenda zusammenfanden[85]; die ältere Forschung dagegen
war der Meinung, die Alamannen seien schon als geschlos-
sener Stamm aus dem Elbgebiet nach Südwesten gezogen[86],

---

84 Frank Siegmund, *Alemannen und Franken*, Berlin / New York 2000, S. 8 f.
85 Dieter Geuenich, »Ein junges Volk macht Geschichte«, in: *Die Alamannen*, Stuttgart ⁴2004, S. 73–78, hier: 74.
86 Die Alamannen als elbgermanische Stämme noch bei Krüger (wie
Anm. 15), S. 374.

während nunmehr nur die Teilnahme einzelner Krieger-
verbände der suebischen Semnonen aus dem Elbgebiet an
der alamannischen Ethnogenese angenommen wird[87]. Die
Quellen des 3. und 4. Jh.s (besonders des Augenzeugen
Ammianus Marcellinus[88]) deuten darauf hin, dass die Alamannen in dieser Zeit von einer Vielzahl von Kleinkönigen geführt wurden (die Heere von vielleicht nur je 600
Mann befehligten), aber kein Zentralkönigtum kannten,
sodass die Römer etwa in den Kämpfen nach der Schlacht
von Straßburg 357 diese Kleinkönige jeweils einzeln verfolgen und besiegen mussten. Schon im 3. Jh. hatten die
Alamannen wiederholt den Limes durchbrochen, wobei
sie u. a. bis zum Gardasee (268) und nach Pavia (271) vordrangen. Im 4. Jh. drängten die Alamannen immer heftiger
gegen den Rhein und kontrollierten bald auch das linksrheinische Ufer bis etwa Mainz, wo es aber 413 den Burgundern gelang, linksrheinisch Fuß zu fassen; die Burgunder traten schon ab dem späten 3. Jh. am Mittelrhein als
Nachbarn, später auch als Gegner der Alamannen auf, ihr
Siedlungsgebiet war jedoch im Vergleich mit dem der Alamannen wohl immer eher kleinräumig. Erst nach der ver-
nichtenden Niederlage, welche der römische Feldherr Aëtius 436 den Burgundern beigebracht hatte, und ihrer Umsiedlung nach Savoyen an den Genfer See 443 verlieren sie
für die Alamannen an Bedeutung. Mitte des 5. Jh.s wurde
das alamannische Gebiet von den Hunnen überrannt, aber
über das Verhältnis zwischen Alamannen und Hunnen,
also Unterwerfung oder Bündnis, wissen wir so gut wie
nichts.[89] Im 5. Jh. umfasste das alamannische Gebiet das

87 Helga Schach-Dörges: »›Zusammengespülte und vermengte Menschen‹.
   Suebische Kriegerbünde werden sesshaft«, in: *Die Alamannen*, Stuttgart
   ⁴2001, S. 79–102, hier: 79 f.
88 Geuenich (wie Anm. 85), S. 77.
89 Max Martin, »Historische Schlagzeilen, archäologische Trümmer. Sied-
   lungs- und Herrschaftsgebiete zwischen 436 und 506 nach Christus«, in:
   *Die Alamannen*, Stuttgart ⁴2001, S. 163–170, hier: 166.

oberrheinische Tiefland bis fast Mainz, nördlich davon das Maingebiet und im Osten das Gebiet südlich der Donau wohl bis an die Isar[90], und die zersplitterte Herrschaftsstruktur spiegelt sich in einer Vielzahl von Höhenburgen, welche kleinräumige Herrschaftszentren repräsentierten, von denen aus nicht zuletzt mit Hilfe von Söldnertruppen und kurzfristigen Bündnissen Kriegszüge organisiert wurden. Im Rahmen der Expansion der Alamannen, die schon versuchsweise, aber ohne nennenswerte Erfolge nach Südosten ausgegriffen hatten, gerieten sie im Nordwesten in Konflikt mit den sich dort soeben als politische Macht etablierenden Rheinfranken. Ab 496 unterlagen die Alamannen den Franken in einer Reihe von Schlachten, was schließlich (und endgültig ab 746 unter Karlmann) zu einer Eingliederung des alamannischen Gebiets in das Merowingerreich führte. Die erste und bekannteste dieser Schlachten ist die Schlacht von Zülpich (496/497), in welcher der Frankenkönig Chlodwig (482–511) nicht nur der alamannischen Expansion einen Riegel vorschob, sondern durch sein (angeblich in letzter Minute während der Schlacht abgelegtes) Taufgelöbnis noch dazu die Christianisierung der Franken einleitete. Immerhin erfahren wir daraus auch, dass die Alamannen damals noch heidnisch waren. Erst ab 610 begannen die späteren Heiligen Columban und Gallus, am Bodensee zu missionieren, und fast gleichzeitig begann Bischof Amandus von Worms im Westen entlang des Rheins mit Klostergründungen mit dem Charakter von Missionsstützpunkten.

Der fränkische Einfluss führt in der Folge dann auch zur sukzessiven Christianisierung der Alamannen. Fortan sind die Alamannen Teil des Frankenreichs, wie auch immer die ethnische Struktur zu bewerten ist: »Von nun an sind Alamannen die, die in Alamannien wohnen bzw. ihre

90 Siegmund (wie Anm. 84), S. 9f.

Herkunft haben, unterschieden von den jenseits der Grenzen ihrer Provinz lebenden Elsässern, Burgundern, Rätiern, Bayern oder Franken.«[91] Regiert wurden sie von *duces* (also Fürsten), welche den fränkischen Königen ebenso unterstanden wie später die Baiernherzöge.

## Bajuwaren

Bei den Bajuwaren haben wir es, ähnlich wie bei den Alamannen (und nicht wie bei den meisten anderen germanischen Stämmen mit einer ursprünglich ethnisch definierten, aus Skandinavien oder von den Küsten der Ostsee stammenden, nach ihrer Auswanderung aber nur mehr über die »Traditionskerne« sich selbst definierenden Gruppe), mit einem neuentstehenden Zusammenschluss von Bevölkerungsgruppen unterschiedlicher Herkunft zu tun. Dieser Vorgang spielte sich auf dem Gebiet der römischen Provinzen Rätien und Noricum ab, als 488 Odoaker die Bewohner Noricums wegen der sich intensivierenden Barbarenüberfälle nach Italien evakuierte. Trotzdem blieb sicher kein siedlungsleerer Raum zurück, weil die ärmere, vorwiegend romanische Landbevölkerung (mit einem nicht unwesentlichen keltischen Substrat) wohl zurückblieb, während sich, von Norden her kommend, einzelne Gruppen von Alamannen und anderen ethnischen Gruppen in dem bevölkerungsmäßig ausgedünnten Raum niederließen. In der älteren Forschung hat man darin vor allem die von ihren böhmischen Sitzen nachrückenden

---

91 Vgl. Dieter Geuenich / Hagen Keller, »Alamannen, Alamannien, Alamannisch im frühen Mittelalter. Möglichkeiten und Schwierigkeiten des Historikers beim Versuch der Eingrenzung«, in: Wolfram, Herwig und Andreas Schwarcz (Hrsg.), *Die Baiern und ihre Nachbarn. Berichte von Symposions der Kommission für Frühmittelalterforschung, 25.–28. Oktober 1982: Historische und philologische Beiträge*, Tl. 1, Wien 1985, S. 135–157, hier: 155; vgl. auch Siegmund (wie Anm. 84), S. 11.

Markomannen sehen wollen[92], teils auch Gruppen der Langobarden oder der Quaden-Sueben, die entlang der Donau in der heutigen Slowakei bzw. Westungarn siedelten. Die Archäologie zeichnet jedenfalls für den Boden der ehemaligen Provinz Rätien ein noch komplexeres Bild von der Stammeswerdung des Bajuwaren; sogar einzelne Gräberfelder wie das von Straubing können für ein Modell der Stammesbildung der Bajuwaren herangezogen werden: »In der Zeit um 500 folgen dann Gräber von Leuten verschiedenster Herkunft: Alamannen, Ostgoten, Leute aus Mitteldeutschland bzw. Böhmen und Germanen von der mittleren Donau (Langobarden). Im Laufe der Zeit verschmelzen diese Menschen unterschiedlicher Abstammung zu einer Gruppe – den Bajuwaren«[93]; eine rein archäologische Abgrenzung zum alamannischen Gebiet ist aber offenbar nur schwer zu treffen.[94] Dabei gehen nicht alle Orte auf römische Siedlungen zurück (wie Salzburg, Passau und Regensburg, wo durchweg auch römisches Christentum überlebte), sondern es gibt schon Ende des 5. Jh.s auch Neugründungen. Allerdings spielte die keltisch-romanische Restbevölkerung in Rätien sicherlich keine unwesentliche Rolle bei der Stammeswerdung der disparaten germanischen Einwanderer.

Erst 551 findet sich bei Jordanes (dessen Geschichtsbuch der Goten auf dem verlorenen Werk des Cassiodor von 526 beruht) die erste Nennung der Bajuwaren, die uns zudem einen guten Überblick über die Raumverteilung in der ersten Hälfte des 6. Jh.s liefert: »jenes Land der Sue-

---

92 Vgl. zur Diskussion Kurt Reindel, »Herkunft und Stammesbildung der Bajuwaren nach den schriftlichen Quellen«, in: *Die Bajuwaren. Von Severin bis Tassilo 488–788*, hrsg. von Hermann Dannheimer und Heinz Dopsch, Salzburg 1988, S. 56–60, hier: 57 f.

93 Vgl. Fischer, Thomas / Hans Geisler, »Herkunft und Stammesbildung der Bajuwaren aus archäologischer Sicht«, in: *Die Bajuwaren. Von Severin bis Tassilo 488–788*, hrsg. von Hermann Dannheimer und Heinz Dopsch, Salzburg 1988, S. 61–68, hier: 67.

94 Siegmund (wie Anm. 84), S. 309.

ben (d. h. Schwaben) hatte im Osten die Bajuwaren, im Westen die Franken, im Süden die Burgunder und im Norden die Thüringer zu Nachbarn«. Den Namen der *Baiuvari* oder *Baiovari* hat man schon lange als ›Leute aus Baia‹, also ›Leute aus Böhmen‹, d. h. ›aus dem einst von den (keltischen) Boii bewohnten Land‹, gedeutet. Inzwischen lässt sich wenigstens über eine der Siedlergruppen eine Beziehung zwischen einer böhmischen Gruppe des 5. Jh.s und römischen Föderaten in und um Regensburg herstellen[95], sodass diese Gruppe den eponymen »Traditionskern« für die Bajuwaren darstellen könnte, wenn auch in einem ganz anderen Sinn als bei den Germanenstämmen der früheren Völkerwanderungszeit, denn hier muss nun eine wie auch immer geartete frühe Herrschaftsbildung eingesetzt haben, die weitgehend ortsfest war. Es gab deswegen offenbar auch kein Heerkönigtum wie bei anderen germanischen Stämmen, obwohl in den fränkischen Quellen die agilolfingischen Herzöge durchweg als *dux* bezeichnet wurden, während sie sich selbst im Verhältnis zu den Langobarden mit dem Königstitel (*rex*) benannten.

Die Westgrenze der Baiern zu den Alamannen bildete auch weiterhin der Lech, aber in Richtung Osten expandierte die bajuwarische Siedlung im Laufe des 6. und 7. Jh.s schließlich bis zur Enns, im Süden bis zur Salzach, und viele der oberösterreichischen Ortsnamen gehen auf diese Phase bajuwarischer Expansion zurück. Dabei lassen die keineswegs seltenen Rodungsnamen darauf schließen, dass das Land nicht menschenleer war, sondern dass eben durch Rodung neue Siedlungsflächen geschaffen werden mussten.

Die Frühphase der Ethnogenese der schon von Anfang an wenigstens teilweise christlichen Bajuwaren muss sich

---

95 S. Hamann, »Bajuwaren. II. Historisches«, in: RGA 1 (1973) S. 606–610, hier: 607.

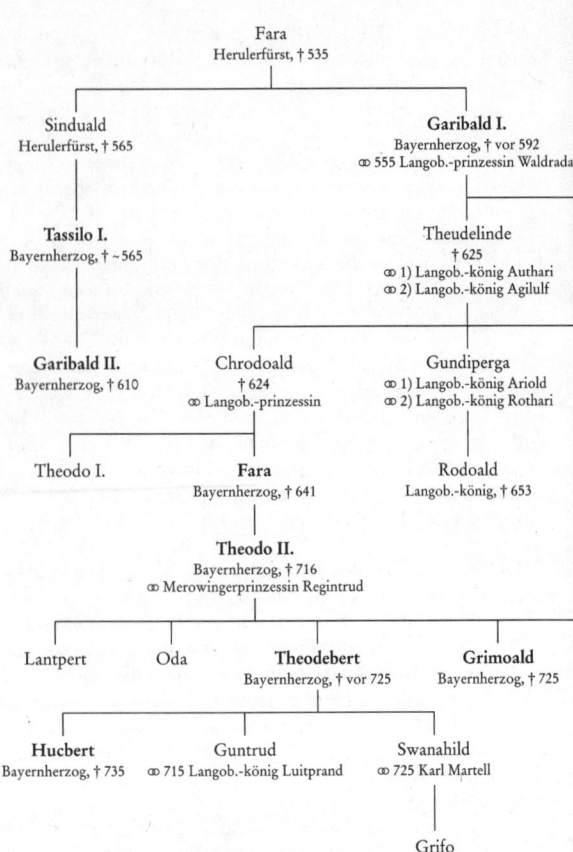

Fara
Herulerfürst, † 535

Sinduald
Herulerfürst, † 565

**Garibald I.**
Bayernherzog, † vor 592
∞ 555 Langob.-prinzessin Waldrada

**Tassilo I.**
Bayernherzog, † ~565

Theudelinde
† 625
∞ 1) Langob.-könig Authari
∞ 2) Langob.-könig Agilulf

**Garibald II.**
Bayernherzog, † 610

Chrodoald
† 624
∞ Langob.-prinzessin

Gundiperga
∞ 1) Langob.-könig Ariold
∞ 2) Langob.-könig Rothari

Theodo I.

**Fara**
Bayernherzog, † 641

Rodoald
Langob.-könig, † 653

**Theodo II.**
Bayernherzog, † 716
∞ Merowingerprinzessin Regintrud

Lantpert

Oda

**Theodebert**
Bayernherzog, † vor 725

**Grimoald**
Bayernherzog, † 725

**Hucbert**
Bayernherzog, † 735

Guntrud
∞ 715 Langob.-könig Luitprand

Swanahild
∞ 725 Karl Martell

Grifo

Tafel 3: Stammtafel der bairischen Agilolfinger

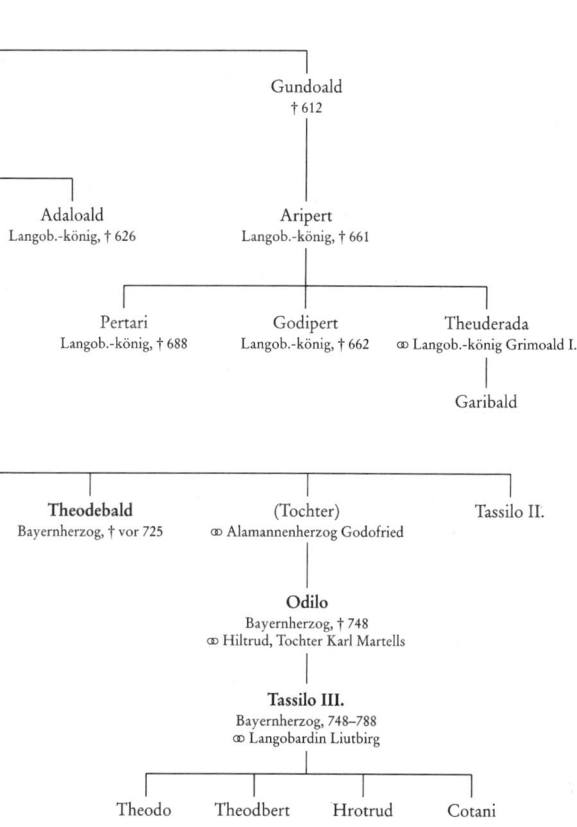

Gundoald
† 612

Adaloald
Langob.-könig, † 626

Aripert
Langob.-könig, † 661

Pertari
Langob.-könig, † 688

Godipert
Langob.-könig, † 662

Theuderada
∞ Langob.-könig Grimoald I.

Garibald

Theodebald
Bayernherzog, † vor 725

(Tochter)
∞ Alamannenherzog Godofried

Tassilo II.

Odilo
Bayernherzog, † 748
∞ Hiltrud, Tochter Karl Martells

Tassilo III.
Bayernherzog, 748–788
∞ Langobardin Liutbirg

Theodo        Theodbert        Hrotrud        Cotani

wohl zumindest mit Duldung des Ostgotenkönigs Theoderich (König in Italien 491–526) abgespielt haben. Aber
schon für die Mitte des 6. Jh.s ist die politische Abhängigkeit der Bajuwaren von den Franken belegt: Der erste genannte Baiernherzog Garibald I. war ein Vasall des mero-
wingischen Frankenkönigs Chlotar I. Die politischen und
im Gefolge auch kulturellen Beziehungen zu den Langobarden waren zu dieser Zeit aber noch intensiver: Durch
mehrfache Heirat (zuerst von Garibald mit Chlotars Ex-
frau, der Langobardenprinzessin Waldrada) war das agi-
lolfingische Herzogshaus der Bajuwaren seit 556 mit den
Langobarden verbunden. Dieses dürfte den katholischen
Einfluss gefördert haben, der schließlich auch bei den
Langobarden den Arianismus verdrängte, während die
Bajuwaren offenbar trotz möglicher arianischer Mission
nie mehrheitlich dieser Häresie anhingen. Die früheste
Stufe der Sprache der Bajuwaren weist demnach auch gewisse Gemeinsamkeiten mit dem Langobardischen auf,
welches aber archaischer blieb, während das (spätere) Bairische ansonsten am meisten mit dem Alamannischen ge-
mein hat; auch dies ist ein Hinweis darauf, dass die alamannischen Anteile an der bajuwarischen Ethnogenese
dominant gewesen sein dürften. Das Bairische als distink-
ter Dialekt im heutigen Sinn ist jedenfalls erst im Hochmittelalter erkennbar.

   Obwohl gerade Garibald in den Auseinandersetzungen
zwischen Franken und Langobarden im 6. Jh. also die Sache der Langobarden vertrat, war es dieser Umstand, der
nach dem Friedensschluss zwischen Franken und Langobarden 591 die Bajuwaren endgültig unter die fränkische
Herrschaft brachte, als Childerich II. Tassilo als Herzog
einsetzte. Dennoch war diese Abhängigkeit eher formaler
Natur, und die guten militärischen wie verwandtschaftli-
chen Beziehungen zwischen Bajuwaren und Langobarden
dauerten im 7. Jh. unter Tassilos Nachfolgern, seinem
Sohn Garibald II. und seinem Enkel Theodo, an. Zwar

nützten Erbstreitigkeiten unter den Agilolfingern den Franken unter Karl Martell (725 und 728) und Pippin III. 743, die Bajuwaren stärker an das Frankenreich zu binden, aber erst 781–787 konnte Karl der Große sie unter dem letzten Agilolfinger Tassilo III. endültig der Herrschaft berauben, als er ihn zum Tode verurteilen und schließlich zu Klosterhaft begnadigen ließ.[96]

96  Vgl. Tafel 3.

# 7

# Die Nordsee als germanisches Meer:
# Angeln, Sachsen, Jüten und Friesen

## Das Ende der römischen Provinz Britannien

Bis die Römer unter Caesar England eroberten, waren die britischen Inseln eine im Wesentlichen von keltischsprechenden Stämmen, die unter den Namen Briten oder *Britones* zusammengefasst wurden, in Schottland von den ebenfalls keltischsprechenden Pikten und wohl auch vorkeltischen Gruppen bewohnte Inselgruppe. Die Kelten waren offenbar selbst erst ab dem 3. Jh. v. Chr. der dominante Faktor auf den Inseln geworden. Nach Caesars wenig dauerhaften Eroberungen seit 55 v. Chr. eroberten die Römer erst ab 48 n. Chr. nach und nach von Südostengland aus die Insel und legten 122–127 (also etwa gleichzeitig mit der Anlage des rätischen Limes zwischen Rhein und Donau) den mächtigen, noch heute als *Hadrian's Wall* bezeichneten Verteidigungswall quer durch Nordengland (zwischen Carlisle und Newcastle) an, um die Pikten in Schottland besser kontrollieren zu können. Nur wenige Jahrzehnte später (142/143) wurde der viel kürzere und weniger ausgebaute Antoninische Wall (*Antonine's Wall*) zwischen dem Firth of Forth und dem Firth of Clyde in Schottland als vorläufige Nordgrenze der römischen Eroberungen angelegt – weiter aber sollte sich die römische Provinz nicht dauerhaft ausbreiten. Diese Verteidigungslinien, vor allem der Hadrianswall mit seinen 16 Legionslagern, waren nur mit Hilfe von Legionen aus anderen Teilen des Reiches zu halten. Dazu wurden neben syrischen, sarmatischen und dalmatischen Legionen auch solche aus Germanien eingesetzt, besonders friesische und batavische, und manche dieser Legionen waren jahrzehntelang in Nordengland stationiert. Weihesteine der germanischen Legionäre an ihre einheimischen germanischen Gottheiten, die sie in der Fremde (vielleicht auch für eine gute Heimkehr?) stifteten, sind dauerhafte Zeugnisse dieser frühen Präsenz von Germanen auf den britischen Inseln. Als aber das römische Imperium Ende des 4. Jh.s zusehends unter Druck geriet und schließlich 410/411 die letzten Legionen abzogen, gab es damit die Provinz den alten Feinden aus dem keltischen Schottland und Wales preis. Wenigstens teilweise als Folge davon rief angeblich die romanisierte Bevölkerung Englands wiederum Germanen wie seinerzeit die friesischen Legionen gegen die wilden Kelten zu Hilfe. Die von den Truppen in Britannien zu Kaisern ausgerufenen (und kurz darauf wieder ermordeten) Marcus, Gratianus und Constantinus hatten auf Grund ihrer zu kurzen Regierungszeiten und mangels Unterstützung aus den anderen Teilen des Römischen Reichs keinen Effekt mehr, und so konnte Britannien leicht unter die Herrschaft der nunmehr herbeigerufenen Germanen fallen.

Aber auch für Britannien stimmt die so kurz zusammengefasste Beschreibung des Endes der römischen Herrschaft nur zu einem bestimmten Grad: Zum einen waren die Städte der Provinz Britannien noch 429 offenbar gut in der Lage, sich gegen den in diesem Jahr stattfindenden Einfall der Pikten zu wehren, zum anderen zeigen die Reisen des Bischofs Germanus von Auxerre in den Jahren 429 und 435, der in kaiserlichem Auftrag die Häresie des Pelagianismus in Britannien ausmerzen sollte, dass man weit entfernt im kaiserlichen Ravenna Britannien sehr wohl noch als funktionierende Provinz auffasste.[97] Dies kann aber nur der Fall gewesen sein, solange das römische Steuersystem noch griff, und dies wiederum beruhte auf einer funktionierenden römischen Verwaltung in den Städten.

---

97 Wolfram (wie Anm. 62), S. 337.

Allerdings begannen die Briten, wie es in Gallien z. T. auch geschah, kleine Teilkönigreiche zu organisieren, welche nun ihrerseits zur Verteidigung Söldnertruppen benötigten. Diese rekrutierte man aus der naheliegendsten Quelle, nämlich Seeräuberverbänden, welche die Ostküste Englands schon länger unsicher machten, und dies waren in erster Linie die Sachsen, welche sich offenbar im Rahmen piratischer Aktivitäten von Osten am Anfang des 5. Jh.s immer weiter Richtung Rheinmündung ausgebreitet hatten, und wohl auch die Angeln.

## Die Angeln

Die Herkunft der Angeln ist, trotz des offenkundlichen Zusammenhangs mit der Landschaft *Angeln* im heutigen Ostschleswig zwischen Schlei und Flensburger Förde, der schon vom Geschichtsschreiber der angelsächsischen Kirche Beda Venerabilis im frühen 8. Jh. festgehalten wird, keineswegs ganz sicher. Zwar siedelte schon Tacitus (*Germania* 40) die Angeln gemeinsam mit den Warnen offenbar an der südwestlichen Ostsee an (jedenfalls in der Nähe des »Ozeans«), aber Ptolemäus nennt im 2. Jh. (auf Grund von Informationen, die über 100 Jahre älter sein dürften) die Angeln als in Thüringen ansässig, wie sich auch viel später das thüringische Volksrecht selbst als *Lex Angliorum et Werinorum hoc est Thuringorum* bezeichnet.[98] Abgesehen von einem eher unwahrscheinlichen Zusammenhang mit den norwegischen Englir auf den Lofoten in Nordnorwegen wurden dafür zwei Lösungsmöglichkeiten vorgeschlagen, nämlich eine Abwanderung von Stammesteilen der Angeln im 5. Jh. aus Angeln einerseits (mit einem Teil der Sachsen) nach Britannien, andererseits (ge-

---

98 Hans Kuhn / Heinrich Beck / Richard Wenskus / Herbert Jankuhn / Klaus Raddatz, »Angeln«, in: RGA 1 (1973) S. 284–303, hier: 290; Hans Kuhn / David M. Wilson, »Angelsachsen«, in: RGA 1 (1973) S. 303–318.

meinsam mit den Warnen) schon um die Zeitenwende nach Südosten, falls nicht gar die mittelelbischen Gebiete eine Urheimat der Angeln dargestellt hatten, bevor sie an die Schlei aufgebrochen waren. Aber auch eine bewusste Umsiedlung und Neuansiedlung von in der Landschaft Angeln verbliebenen Teilen der Angeln (oder von Rückwanderern aus Britannien?) durch die Franken nach Südosten wurde in Erwägung gezogen, wobei das Zeugnis des Ptolemäus vernachlässigt bleiben müsste. Die Tatsache, dass die archäologischen Funde der in der römischen Kaiserzeit offenbar dicht besiedelten Landschaft (vgl. das Gräberfeld von Husby mit über 1360 Gräbern) um 500 völlig abbrechen und das Kultzentrum im Thorsberger Moor (sowie auch die unweit, aber außerhalb Angelns im engeren Sinn gelegenen Kultplätze in Ejsbøl und Nydam) Ende des 5. Jh.s nach jahrhundertelanger Nutzung völlig aufgegeben wurde, spricht aber entschieden für die erste Theorie. Beda erwähnt die Landschaft nach 700 als unbesiedelt, und dies entspricht weitgehend dem archäologischen Befund, der zwischen dem Ende des 5. Jh.s bis zum 9. Jh. keine sicheren Funde verzeichnet. Das spricht aber dafür, dass es keinen äußeren Druck durch Aggressoren gab, der die Angeln zum Auswandern bewegte, sondern dass sich diese Gruppe wohl tatsächlich im Kielwasser (metaphorisch wie tatsächlich) der sächsischen Piraten nach Britannien aufmachte, um dort größere und günstigere Siedlungsgebiete einzunehmen.

Wie sehr auch für Angeln und Sachsen die Übersiedlung nach Britannien als gewollter oder bewusster Eintritt in das römische Imperium gelten konnte, ist schwer zu beantworten: in Mitteleuropa waren bei diesen beiden Stämmen jedoch auf Grund ihrer geographischen Lage die Chancen für einen Übertritt ins Imperium gering; dass die Angeln gute Kenntnis der römischen Kultur besaßen, beweisen Funde im Thorsberger Moor, darunter schwere römische Reiterhelme aus dem 2. Jh., die man in germanischen Werkstätten weiterbearbeitet hatte, und Zierplatten, welche im Stil römischen Einfluss nicht verleugnen können. Jedenfalls wird man das Zusammentreffen von weitgehend funktionierender provinzialrömischer städtischer Administration und die Einladung an barbarische Truppen nicht allzu sehr von vergleichbaren Vorgängen an der unteren Donau, in Pannonien oder Oberitalien getrennt sehen dürfen. Auch der in der älteren englischen Forschung hervorgehobene Zerstörungs- und Eroberungswille der germanischen Eindringlinge muss relativiert werden. Zwar wurden wohl römische Städte zerstört und verödeten, aber auch das *Anglo-Saxon Chronicle* nennt (unter dem Jahr 491) ein einziges zerstörtes römisches Lager, nämlich *Andredescester*, d. i. Anderida bei Pevensey an der Südküste von Kent etwas westlich von Hastings. Die Tatsache, dass die meisten der römischen Gründungen noch heute existieren, spricht allerdings gegen eine blinde Zerstörungswut der Neuankömmlinge. Es darf aber nicht vergessen werden, dass zwei unserer Hauptquellen für die angelsächsische Eroberung Britanniens die beiden Mönche Gildas und Nennius sind, beide Britonen, also Kelten. Ihre Darstellung wollte also wohl bewusst kein allzu positives Bild der neuen Machthaber zeichnen. Für Angeln und Sachsen konnte daher wohl der Bedarf an Söldnern ein höchst willkommener Anlass zu einem Übertritt ins Römische Reich bedeutet haben, auch wenn dies ursprünglich kaum in der Absicht der romanisierten Britonen gelegen haben mag.

Wie schon in Kapitel 2 erwähnt, hatten alle genannten Stämme die technischen Möglichkeiten, auch größere Scharen über den Ärmelkanal zu transportieren: Die Sachsen hatten offenbar schon geraume Zeit Erfahrungen als Seeräuber an der Atlantikküste, die Friesen waren das Seefahrer- und Händlervolk der Nordseeküste überhaupt, und für die Angeln (und wohl auch die Jüten) besitzen wir auf Grund der Schiffsfunde von Nydam eine ausgezeich-

nete Kenntnis der ihnen zur Verfügung stehenden Schiffe.
Flotten solcher Ruderschiffe mit 19 bis 23 m Länge und
20–30 Ruderern waren sehr wohl in der Lage, nicht nur
bewaffnete Mannschaften, sondern auch den dazugehörigen Tross über den Ärmelkanal zu setzen, der ja an der
engsten Stelle keine 30 km misst, deutlich weiter nördlich,
zwischen der Rheinmündung und der Mündung des Stour,
immer noch keine 150 km. Bei einer Rudergeschwindig-
keit von nur 3–5 Knoten (etwa 5–9 km/h) konnte also eine
Überfahrt unter günstigen Bedingungen zwischen 4 und
30 Stunden dauern, was beim Wechseln von Rudermann-
schaften kaum ein Problem gewesen sein kann.

Dass die germanischen Stämme nach einer recht kurzen
Phase rein kriegerischen Einsatzes kamen, um zu bleiben,
geht sowohl aus den Schriftquellen als auch der genannten
Entvölkerung der Landschaft Angeln hervor. Auf einige
wenige Jahrhunderte, nämlich von etwa 500 bis zum Beginn der Wikingerzeit um 800 oder im Südwesten längs-
tens bis zur normannischen Eroberung Englands 1066,
spielten die nun als Angelsachsen bezeichneten Einwanderer die vorherrschende Rolle im politischen Leben Englands; die dominante Rolle haben sich dabei die Angeln
sowohl in der geläufigen mittelalterlichen Bezeichnung
*Angli* (oder *Anglu*) sowohl für die Angeln als auch die
Engländer überhaupt und dauerhaft im nunmehrigen Namen Englands bewahrt.

## Die Sachsen

Bei den Sachsen ist die Lage komplexer, weil dieser wesentlich größere Stammesverband auch eine deutlich höhere Mobilität aufgewiesen haben dürfte. Außerdem ist,
bis auf die unsichere Nennung bei Ptolemäus im 2. Jh.,
der darin ein Volk östlich der Elbe und an der »Engstelle
Jütlands« gesehen haben könnte, der Sachsenname als

Völkername vor dem 6. Jh. nur dort wirklich geographisch festzumachen, wo die *Saxones* (anfangs gemeinsam mit den *Franci*) als Seeräuber vor der flämischen Atlantikküste (bei Julian Apostata, Eutropius und Ammianus Marcellinus) oder aber als Besiedler Britanniens genannt werden. Der Name der *Saxones*/Sachsen hat übrigens entgegen früherer Meinung nichts mit dem altnord. *sax* ›Kurzschwert‹ oder althochdeutsch *sahs* ›Messer‹ zu tun[99], da das heute als Sax bezeichnete einschneidige Kurzschwert bei den Südgermanen dafür zu spät auftritt (vgl. oben Kapitel 2).

Das frühmittelalterliche Bild von der sprachlichen Ausdehnung des Altsächsischen zeigt uns einen viel weiteren Bereich als die historisch belegten Siedlungsgebiete an der Atlantikküste zwischen Jütland und Flandern, nämlich von der Elbe-Saale-Linie im Osten bis zur Rheinmündung im Westen, nach Süden hin durch die Lautverschiebungslinie zum Hochdeutschen, also grob eine Linie von der Rheinmündung jeweils südlich von Essen, Wuppertal, Münden und Göttingen nach Merseburg verlaufend.

Diese Grenzen des Altsächsischen sagen trotzdem nur wenig über Siedlungsgebiete der Sachsen vor der Auswanderung nach Britannien, aber die schon von den Römern von 170 bis 400 errichtete Küstenverteidigungslinie des *litus Saxonicum* beiderseits der Küste des Englischen Kanals – im Osten von der Loire bis zur Schelde, auf britischer Seite von der Isle of Wight bis etwa zur Mündung der Ouse[100] – zeigt, dass der Schwerpunkt der sächsischen Aktivitäten offenbar im Westen lag. Insofern ist auch die veraltete Annahme, die Sachsen oder die Angeln seien aus dem norddeutschen Bereich und direkt von Südjütland kommend nach England gelangt, heute dahingehend zu revidieren, dass wohl alle an der angelsächsischen »Erobe-

99  Matthias Springer, *Die Sachsen*, Stuttgart 2004, S. 122–130.
100  Wolfram (wie Anm. 62), S. 342.

Karte 3: Das *litus Saxonicum* zwischen 170 und 400 n. Chr.

rung« Britanniens beteiligten Stämme im Bereich der geringsten Entfernung im Ärmelkanal nach England übersetzten; wie lange vorher sie sich schon an der Atlantikküste festgesetzt hatten, ist zwar fraglich, aber wenigstens bei den Sachsen war dies wohl schon geraume Zeit früher der Fall, während bei den Angeln wohl kaum viel Zeit zwischen der Auswanderung aus der Landschaft Angeln und der Ankunft in Britannien vergangen sein kann. Immerhin sind die Sachsen als Seeräuber und Plünderer auch

an der östlichen Kanalküste gut belegt, so heerten sie 418
an der Atlantikküste Aquitaniens (also Südwestfrank-
reichs)[101], und noch 463 musste sich der Merowinger Childerich bei Angers und in der Loire mit ihnen herumschla-
gen.

Die Abwanderung wenigstens eines beträchtlichen Teils
der Sachsen ist im 5. Jh. auch archäologisch an der plötzlichen Fundarmut im Elbe-Weser-Dreieck ablesbar[102], allerdings ist damit auch nichts über direkte Abwanderung
nach Britannien oder vorerst nur nach Südwesten gesagt.

Über die Sachsen in ihren Stammgebieten gibt es nur
wenig greifbare Nachrichten. Während wir für die angelsächsischen Königshäuser in Britannien durch Bedas Geschichte von Hengist und Horsa und die angelsächsischen Königsgenealogien Ansätze zu einer *origo gentis*
besitzen, hat man für die Sachsen vor der Auswanderung
nur eine Königsfamilie der Myrgingas[103] hypothetisch erschließen können. Widukind von Corvey hat zwar in seiner Sachsengeschichte (*Historia Saxonum*, 968 abgeschlossen) den Sachsen eine *origo gentis* verschafft und
darin die im Mittelalter so wichtige Ansippung der Sachsen an die Griechen zuwege gebracht (obwohl er auch
eine Herkunft von *Dani* und *Normanni* anführt, die mit-
ten in der Wikingerzeit für die sächsischen Seeräuber
wohl nahelag), aber über das 6. und 7. Jh. hören wir ansonsten nur von Kämpfen zwischen den fränkischen Merowingern, die die Sachsen offenbar teilweise unterwerfen
konnten, und der angeblichen Vernichtung eines thüringischen Reichs im Osten durch die Sachsen. Tatsache ist
allerdings, dass die Sachsen von allen kontinentaleuropäischen Stämmen am längsten heidnisch blieben (auch
wenn birituelle Grabfelder mit Körper- und Brandbestat-

---

101 Wolfram (wie Anm. 46), S. 179.
102 Heinrich Tiefenbach / Matthias Springer / Torsten Capelle, »Sachsen«,
　　in: RGA 26 (2004) S. 24–53, hier: 50 f.
103 Wenskus (wie Anm. 27), S. 547–549.

tung und zum Teil schon christlicher W-O-Ausrichtung
bereits im 7. und 8. Jh. vorkommen[104]) und es deswegen
zu der von Karl dem Großen mit aller Härte betriebenen
Schwertmission kam. Karl brauchte über 30 Jahre dazu,
nämlich von 772 bis 804, die Sachsen zu unterwerfen und
nebenbei zu christianisieren. Als Karl den Aufstand der
Sachsen 780–782 unter Widukind niedergeschlagen hatte,
wobei es in diesem Jahr zum berüchtigten »Tag von Ver-
den« kam, an dem Karl angeblich 4500 Sachsen für die
Teilnahme am Aufstand enthaupten ließ, mag er an ein
baldiges Ende der Sachsenkriege geglaubt haben. Aber
nicht einmal, als sich Widukind später ergab und sich
taufen ließ, waren die Sachsenkriege zu Ende; erst als
Karl zu Umsiedlungen und Deportationen beträchtlichen
Ausmaßes griff, konnte er die Sachsen endgültig unterwerfen.

## Die Jüten

Unsere Hauptquelle für die Siedlungsgebiete der Germanen in Britannien, Bedas *Historia ecclesiastica gentis
anglorum* I,15, verzeichnet noch vor den Angeln und
Sachsen die Jüten unter den sich im Süden der britischen
Inseln niedergelassenen Gruppen:

> Diese Neuankömmlinge stammten von den drei tapfers-
> ten Völkern der Germanen, nämlich den Sachsen, An-
> geln und Jüten (*Saxonibus, Anglis, Jutis*). Von den Jüten
> stammen die Bewohner von Kent und der Isle of Wight
> ab (*Cantuarii et Victuarii*), und die Leute in der Provinz
> der Westsachsen gegenüber der Isle of Wight nennt
> man bis zum heutigen Tag Jüten. Von den Sachsen –
> das heißt, aus dem heute als Altsachsen bekannten Land

---

104 Tiefenbach [u. a.] (wie Anm. 102), S. 52 f.

– kamen die Ost-, Süd- und Westsachsen (*Orientales Saxones, Meridiani Saxones, Occidui Saxones*). Von den Angeln – also dem als *Angulus* (Angeln) bezeichneten Land, welches zwischen den Provinzen der Jüten und Sachsen liegt und bis zum heutigen Tag entvölkert ist, stammen die Ost- und Mittelangeln, die Mercier, alle Geschlechter Northumbrias (das sind die Menschen nördlich des Flusses Humber) und die anderen englischen Völker. Ihre ersten Anführer waren angeblich die Brüder Hengist und Horsa.

Die Jüten werden in der ältesten (fränkischen) Quelle im 6. Jh. als *Eucii* bezeichnet und könnten deswegen mit den bei Tacitus als Bewohner des südlichen oder mittleren Jütland genannten *Eudoses* identisch sein. Jedenfalls trägt Jütland (dän. Jylland) seinen Namen von den Jüten. Dagegen ist ein Zusammenhang mit den von 260 bis 430 in Mitteleuropa belegten Juthungen höchst unsicher, die meist als Teil der Alamannen aufgefasst werden.[105] Ein Teil der Jüten ist im 5. Jh. abgewandert, wie auch bei ihnen der archäologische Befund zeigt. Allerdings ergibt auch Bedas Beschreibung der Ereignisse keineswegs zwingend, dass die Jüten aus Jütland direkt nach Britannien gekommen wären, sodass wir auch bei ihnen mit einer Wanderung über Friesland und das Mündungsgebiet des Rheins rechnen können. Die Archäologie hat, unabhängig vom Weg der angenommenen Wanderungsbewegung, Übereinstimmungen zwischen Südwest- und Zentraljütland und Kent im Bereich der Keramik sowie bei kreuzförmigen und Relieffibeln nachweisen können. Allerdings ist im Gegensatz zu Angeln in Jütland keine völlige Ent-

---

105 Günter Neumann / Dieter Geuenich, »Juthungen«. in: RGA 16 (2000) S. 141–144; vgl. dazu auch Ludwig Rübekeil, »Was verrät der Name Alamannen über ihr Ethnos?«, in: Hans-Peter Naumann (Hrsg.), *Alemannien und der Norden*, Berlin / New York 2004 (RGA Ergänzungsband 43), S. 114–141, hier: 132 ff.

völkerung eingetreten, sodass die verbleibenden Jüten wohl im Laufe des späten 5. und 6. Jh.s durch die von Norden her nachrückenden bzw. einwandernden Dänen absorbiert wurden.[106]

In Hampshire und auf der Isle of Wight, wo Beda die Jüten ansiedelt, hat man wie in Kent für das Frühmittelalter auch deutliche Einflüsse fränkischer Gesetze und Sprache nachweisen können, und wenn der fränkische König Theudebert I. im 6. Jh. die Hoheit über die *Saxones Eucii* beansprucht, dann liegt es nahe, zu dieser Zeit eine massive Präsenz nicht nur der Jüten, sondern auch der Franken in Südostengland anzunehmen, die vielleicht mit den Jüten gemeinsam nach Britannien gekommen waren; archäologische Funde zeigen jedenfalls deutlich fränkische Einflüsse, auch wenn man diese auf die sicherlich intensiven Handelsbeziehungen hat zurückführen wollen.[107]

Während bei Beda (*Historia ecclesiastica* I,15) Hengist und Horsa die Anführer der Angeln sein dürften, erscheint im altenglischen *Finnsburgh-Fragment* Hengist als Anführer der Eotenas, also offenbar der Jüten (*Beowulf* 1068 ff.; vgl. S. 148).

## Die Friesen

Die Friesen waren vermutlich in die später als Friesland bezeichneten Marschgebiete schon im 6./5. Jh. v. Chr. eingewandert, wobei noch geraume Zeit danach kein dezidierter Unterschied zwischen ihnen und Nachbarvölkern wie den Chauken auszumachen ist. Die intensivste Zunahme der Bevölkerung mit einer Expansion entlang den Küsten wird für das 1. Jh. n. Chr. konstatiert, während im

106 Günter Neumann / Martin Eggers / Nis Hardt, »Jüten«, in: RGA 16 (2000) S. 92–100.

107 Henry R. Loyn / David M. Wilson, »England«, in: RGA 7 (1989) S. 289–302, hier: 297.

4. Jh. eine ausgesprochene Fundarmut auffällt, die man mit einer möglichen (vor-angelsächsischen) Auswanderung nach Britannien in Beziehung gesetzt hat (s. S. 143 und 148). Nach einem deutlichen Bevölkerungsanstieg im 6. bis 8. Jh. gerieten die Friesen schließlich unter fränkische Herrschaft, ihre wirtschaftliche Dominanz als Händler blieb jedoch erhalten.

In den britischen und angelsächsischen Quellen werden die Friesen nicht unter den im 5. Jh. nach Britannien auswandernden Stämmen genannt. Allerdings inkludiert um 548 Prokopius von Caesarea in seiner Geschichte des Krieges der Goten in Italien auch einen kurzen Abschnitt über Britannien, in welchem er als Bewohner der Inseln die drei Völker der *Angiloi, Phrissones* (lies: *Frisones*) und *Britones* erwähnt. Obwohl diese Bemerkung über die Friesen alleinsteht, ist es aus sprachlichen Gründen schon früh akzeptiert worden[108], dass die Friesen eine Rolle bei der Besiedlung Englands gespielt haben, da das Englische und das Friesische einander sehr nahe stehen und beides eng verwandte Zweige des Nordseegermanischen sind. Darüber hinaus findet sich friesische Keramik schon im 4. Jh. in Flandern ebenso wie in Kent in Südostengland. Da im 5. Jh. Friesland aber angeblich weitgehend entvölkert war, stellt sich die Frage, ob die Friesen vielleicht nur deshalb nicht gemeinsam unter den angelsächsischen, sächsischen und jütischen Eroberern des 5. Jh.s genannt werden, weil sie schon vorher, etwa bereits im 3. Jh., nach England ausgewandert waren (vielleicht im Gefolge der von den Römern verlegten friesischen Legionen?). Zwar finden sich in England keine friesischen Ortsnamen, aber friesische Keramik und friesische Ringfibeln gibt es auch in Ostengland aus dem 5. bis 7. Jh. Daneben weisen das sich als Nachfolger des älteren Runenalphabets (des Älteren Fuþark) entwickelnde angelsächsische Runenalphabet und die friesischen

108 F. M. Stenton, *Anglo-Saxon England*, Oxford 1943, S. 5 f.

Runen weitgehende Gemeinsamkeiten auf, die sie deutlich von den skandinavischen Runen des Jüngeren Fuþark unterscheiden.[109] Eine andere denkbare Möglichkeit wäre, dass die Friesen zwar ebenfalls erst im 5. Jh. nach Britannien gekommen sind, aber schon vorher (unter dem Druck der Sachsen?) nach Flandern umgezogen waren.

Friesland erlebte vom Ende des 5. Jh.s an einen starken Bevölkerungsaufschwung, der die Friesen zu einer so wichtigen Handelsmacht werden ließ, dass in der Merowingerzeit und frühen Karolingerzeit die Begriffe »Friese« und »Händler« fast synonym gebraucht werden konnten. Zudem zeigt das mittelalterliche Friesisch die erwähnte enge Verwandtschaft mit dem Altenglischen und dem Altsächsischen, sodass sich die Frage stellt, ob die Friesen nicht vielleicht zu den Völkern zählten, die von einer von Prokopius erwähnten Rückwanderung aus Britannien betroffen waren – dass also englische Friesen, inzwischen mit den Sachsen teilweise vermischt, das fast entvölkerte Friesland neu besiedelten; ähnlich führte diese Auswanderung des frühen 6. Jh.s auch zur Besiedlung der Bretagne durch Britonen aus England, und rückwandernde Sachsen wurden (laut Prokopius) von den Franken in entvölkerten Gebieten ihres Reiches angesiedelt. Archäologisch oder historisch beweisen lässt sich diese friesische Rückwanderung bislang jedoch nicht.

## Die Landnahme in Britannien

Als es nun innerhalb Britanniens neben der notwendigen Abwehr der Pikten aus Schottland und *Scoti* aus Irland auch noch zu bürgerkriegsartigen Kämpfen innerhalb Englands kam, rief angeblich ein von der Hauptquelle der Er-

---

109 Tineke Looijenga, *Texts and Contexts of the Oldest Runic Inscriptions*, Leiden 2003, S. 62–71.

eignisse, dem vor 547 schreibenden Mönch Gildas in seiner
*De Excidio Britaniae*, als Tyrann (was aber wohl nichts anderes heißt als illegitimer Herrscher) bezeichneter Anführer oder König von Kent mit dem erst später (bei Nennius
im 9. Jh. in der *Historia Brittonum*) verzeichneten Namen
Vortigern, drei Schiffe mit germanischen Seeräubern zu
Hilfe. In der *origo gentis* der Angelsachsen ist es das genannte jütische oder anglische Brüderpaar Hengist und
Horsa, welches von Vortigern eingeladen und zuerst auf
der Insel Thanet in der Themsemündung, dann in Kent angesiedelt wird. Jedenfalls kamen bald noch mehr Germanen in ihrem Gefolge, und schließlich revoltierten die Söld-
ner, angeblich und nicht unwahrscheinlicherweise über
Fragen des Soldes, und ließen sich offenbar in großer Zahl
an der englischen Ostküste nieder, sich so vielleicht selbst
Land statt der ausstehenden Zahlungen aneignend. Zwar
berichtet Gildas in der Folge noch über eine Reihe britischer Siege unter einem Heermeister namens Aurelius Ambrosius (im Mittelalter mit König Artus identifiziert), aber
zu dieser Zeit (um 500) hatten die Germanen, ob nun eingeladen oder eingedrungen, sich schon große Gebiete Britanniens, vor allem im Osten, unterworfen. Dazu kamen
dann noch neue Gruppen, die als Jüten bezeichnet wurden,
und außerdem wohl noch Friesen, die ja von allen Germanen den kürzesten Weg über den Ärmelkanal hatten.

Das Brüderpaar Hengist und Horsa, das sich schon laut
Beda auf einen Vater Wictgils, Sohn des Witta, Sohn des
Wecta, eines Sohnes des Woden, zurückführte (so auch
Geoffrey of Monmouth, *Historia Regum Britanniae* 6,10),
wird in der angelsächsischen *origo gentis* dem Jahr 449
(bei Nennius: 447) zugewiesen. Die von Woden hergelei-
tete Genealogie findet sich in den meisten Stammbäumen
angelsächsischer Herrscherhäuser wieder, aber die leicht
durchschaubare Etymologie der Namen Hengist und
Horsa (vgl. dt. Hengst und engl. *horse* ›Pferd‹) haben Anlass zu Spekulationen über dioskurische (zwillingsbrüder-

artige) Gottheiten bei den Germanen gegeben, da sich in Herkunftssagen auch andere Brüderpaare finden, z. B. bei den Langobarden Ibur und Aio (nach Paulus Diaconus) bzw. Aggi und Ebbi (laut Saxo Grammaticus VIII,284 f.) oder bei den Wandalen die Brüder Raus und Raptos als Führer der Hastingi (Dio Cassius 71,12).

Auf jeden Fall darf man in Hengist und Horsa ebenso sehr mythologische Gestalten wie historische Heerführer erblicken, aber ein genauer Zusammenhang mit einem Pferdekult ist nicht mehr erkennbar. Noch die im späten 19. Jh. ausgerechnet für Holstein belegten Namen »Hengist und Hors« für die gekreuzten Pferdeköpfe an den Giebelenden der Bauernhäuser weisen jedoch in die Richtung einer mythologischen Relevanz. Der historische Hengist dürfte 488 in Kent gestorben sein, von seinem Sohn Oisc (auch Aesc) leitet sich jedenfalls das Geschlecht der Oiscingas in Kent her, wogegen Nachrichten über Horsa äußerst spärlich sind.

Beda, der ja eine Kirchengeschichte des englischen Volkes schrieb, berichtet zwischen dem letzten Besuch des Bischofs Germanus von Auxerre (435) und der Ankunft des Augustinus und damit dem Beginn der regulären angelsächsischen Mission im Jahre 596 außer über den Sieg des Ambrosius Aurelianus 493 nur wenig über die Geschichte der Angelsachsen. Aus all den Quellen zusammen ergibt sich immerhin das Bild, dass sich im 6. Jh. folgende Territorien der germanischen Einwanderer etabliert hatten: Kent, in welchem es auf Grund der Lage an der als Haupteinfallsgebiet angesehenen Themsemündung zu einer weitgehenden Durchmischung der angekommenen Gruppen kam; Sussex, westlich davon an der englischen Südküste, welches seinen Namen von den »Süd-Sachsen« ableitete und unter König Aelle oder Elle am Ende des 5. Jh.s unter den neuen Königreichen dominant war, aber später an politischer Bedeutung verlor. Nördlich der Themsemündung etablierte sich Essex (als Land der »Ost-

Sachsen«), und im Themsetal selbst das schon erwähnte Wessex als bestimmender politischer Faktor des 6. Jh.s, besonders gegen Ende des Jahrhunderts unter König Ceowulf. Einwanderer, die weiter nördlich über die Flüsse des Wash angekommen waren, formten im heutigen Norfolk und Suffolk das Königreich East Anglia, noch weiter nördlich etablierte sich Northumbria als seit der Mitte des 7. Jh.s durch die ganze Wikingerzeit hindurch dominantes Königreich germanischer Siedler in Nordengland, während landeinwärts südwestlich davon Mercia entstand.

Gildas erwähnt aber, dass auch noch im Laufe der folgenden Jahrhunderte nach 500 immer neue Barbaren nach Britannien gekommen wären, und dies wird durch die Archäologie bestätigt. Offenbar sind schon im 6. Jh., also lange vor der Wikingerzeit, Norweger an der englischen Ostküste gelandet, und das Königsgrab von Sutton Hoo in Suffolk aus der Zeit um 624/625 weist auch abgesehen von der Form des Schiffsgrabs ausgesprochen skandinavischen Einfluss auf.

Ausführlicher, wenn auch nicht immer verlässlich, sind die Fassungen der Annalen im *Anglo-Saxon Chronicle*, das für 477 die Landung eines Königs Ælla und seiner Söhne Cymen, Wlencing und Cissa vermerkt, welche 485 die Briten in einer Schlacht geschlagen hätten. Dieser Ælla (oder Ella) wird dann als achter einer Reihe angelsächsischer Könige erwähnt, die die Herrschaft über die anderen (Klein-)Könige ausgeübt haben und den Titel Bretwalda (auch Brytenwealda, Bretenanwealda) trugen[110], was wohl ›Herrscher über Britannien‹ bedeutet, aber kaum ›Beherrscher der Briten‹, weil sich die Herrschaft sicher nur über die angelsächsischen Königreiche Süd- und Ostenglands erstreckt hat.

Für über 100 Jahre unterstanden nun die romanisierten, christianisierten Briten den »barbarischen« germanischen

---

110　Stenton (wie Anm. 108), S. 34.

Eindringlingen, und laut Beda hat erst König Æthelberht
von Kent (560–616), Ururenkel von Hengist, sich als erster König taufen lassen. Es ist aber nur schwer vorstellbar,
dass das Christentum in diesem Jahrhundert völlig zum
Erliegen kam. Weder hat sich germanisches Heidentum
jemals völlig intolerant gegenüber dem Christentum und
anderen Religionen gezeigt, noch ist es wahrscheinlich,
dass das Heidentum der Angelsachsen, die ja selbst die römische Kultur und Zivilisation in den römischen Städten
Britanniens zu übernehmen trachteten, völlig unbeein-
flusst vom geistigen Gebäude des Christentums geblieben
ist. Umgekehrt zeigen gerade die Steinskulpturen der jungen angelsächsischen Kirche im 7. und 8. Jh. unbestritten
synkretistische Elemente, wenn etwa angelsächsische Kirchen mit dem Motiv der Schlange (der Midgardschlange?,
so in Escom), Grabstelen mit dem die Sonne verschlingen-
den Wolf (in Ovingham) oder Grabsteine mit der Darstellung von Thors Fischfang (in Gosforth), der nun als Köderung des Teufels durch Christus reinterpretiert wurde,
dekoriert werden konnten.

In diesen durch lang dauernde gegenseitige Kontakte
geprägten Missionsvorgang wird man auch die berühmte
Missionsinstruktion des Papstes Gregor des Großen an
den Abt Mellitus in Kent aus dem Jahre 601 einordnen
dürfen, der uns durch Beda (*Historia ecclesiastica* I,30) erhalten ist. Er vertritt darin die Akkommodation als Prin-
zip der Mission, sowohl was die Festzeiten als auch die
Formen der Feiertage und auch den Erhalt der Kultstätten
anlangt:

> [...] sagt ihm, was wir nach reiflicher Überlegung über
> die Sache der Angelsachsen beschlossen haben: nämlich,
> dass die Heiligtümer der Götzen bei jenem Volk mög-
> lichst nicht zu zerstören sind, sondern die darin befind-
> lichen Götzenstatuen zerstört werden sollen, die Hei-
> ligtümer selbst aber mit geweihtem Wasser besprengt,

Altäre errichtet und Reliquien niedergelegt werden sollen: denn wenn diese Tempel fest gebaut sind, ist es notwendig, sie vom Kult der Dämonen der Verehrung des wahren Gottes zuzuführen; sodass das Volk, wenn es sieht, dass seine Heiligtümer nicht zerstört werden, den Irrtum der Herzen ablegen und, den wahren Gott erkennend und verehrend, an den vertrauten Orten zusammenkommen wird. Da sie gewohnt sind, viele Ochsen im Kult ihrer Dämonen zu schlachten, so lasst dafür irgendeine andere würdige Sache eintreten: so etwa den Kirchweihtag oder den Geburtstag der heiligen Märtyrer, deren Reliquien da niedergelegt wurden, und sie mögen sich Hütten aus Zweigen um die aus solcherart umgewandelten Heiligtümern entstandenen Kirchen errichten, und in frommer Gemeinschaft die Feier begehen. Die Tiere sollen nicht länger dem Teufel geopfert, sondern zur Ehre Gottes zur Nahrung geschlachtet werden, und dabei den Schenker aller Gaben für ihren Überfluss danken lassen: sodass sie, wenn sie die äußeren Freuden erfahren, umso leichter die inneren Freuden annehmen können. Denn es ist zweifellos unmöglich, verstockten Geistern alle Irrtümer gleichzeitig auszutreiben.

Diese offene Grundhaltung zu Fragen der Mission war nicht zuletzt für den geradezu spektakulären Erfolg der angelsächsischen Mission verantwortlich, während derer innerhalb von wenigen Jahrzehnten (nämlich noch vor der Synode von Whitby 664) der angelsächsische Teil Englands wieder völlig christlich wurde und es letztendlich, trotz der Wikingerüberfälle und der heidnisch-skandinavischen Besiedlung des 9. und 10. Jh.s, auch auf Dauer blieb.

# 8

# Die Nordgermanen bis zur Wikingerzeit

## Die Wikinger als die »letzten Germanen«?

Die Skandinavier des frühen Mittelalters als die »letzten Germanen« zu bezeichnen, hat m. E. einen abwertenden Beigeschmack, dürfte aber im öffentlichen Bewusstsein recht fest verankert sein. Dafür spricht, dass einer der heutzutage bekanntesten Wikinger, die Cartoonfigur »Hägar der Schreckliche« (gezeichnet als *Hagar the Horrible* von Dik Brown seit 1973), vom Aussehen her wie ein Germane in Darstellungen des 19. Jh.s gezeichnet ist (Fellbekleidung, Wickelgamaschen), während nur sein (unhistorischer) Hörnerhelm und der Rundschild ihn als Skandinavier markieren. »Die Wikinger« als die für uns greifbarsten (weil zeitnahesten?) Germanen können auch wegen ihrer angeblichen barbarischen Wildheit gut als letzte Exponenten eines offenbar als typisch geltenden *furor germanicus* herhalten; dementsprechend untertitelt auch ein seriöses Magazin wie *Geo* einen Leitartikel über »Die Wikinger« mit »Wie wild waren sie wirklich?«.[111]

In einer Beziehung eignen sich »die Wikinger« allerdings tatsächlich als späte Exponenten des Germanentums, und zwar im Hinblick darauf, dass sich in Skandinavien das Christentum erst (gegenüber England und dem Frankenreich) mit fast 400-jähriger Verspätung durchsetzte und sich die pagane Religion bis ans Ende des 1. Jahrtausends erhielt (vgl. Kapitel 9, S. 199 f.). Was für die anderen germanischen Völker der Übertritt ins Imperium war oder wenigstens der Versuch, so engen Kontakt wie möglich zum Imperium zu bekommen, gelang den nordgermanischen Bewohnern der skandinavischen Halbinsel erst mit

111 *Geo*, Nr. 10 (Oktober), Jg. 1997, Umschlagtitel.

beträchtlicher Phasenverschiebung und manifestierte sich
mit dieser Verzögerung nicht als Übertritt in das christia-
nisierte Imperium, sondern als Eintritt ins sonst schon
christliche Europa am Ende des ersten Jahrtausends. Mit
gutem Grund endet also eine Darstellung der Geschichte
der germanischen Völker mit der Christianisierung Skandinaviens, da damit auch endgültig der Übergang von germanischen Stämmen zu den Reichen mittelalterlicher Prägung vollzogen war. Bei näherer Betrachtung ergibt sich
zwar, dass nicht überall im Norden der Zusammenfall von
Reichseinigung und Christianisierung so zur Deckung zu
bringen ist wie in Dänemark, wo der Reichseiniger Harald
Blauzahn 965 auch die formale Bekehrung des Reichs vollzog. In Norwegen etwa fällt die erste Reichseinigung noch
in die Mitte des 9. Jh.s unter Harald Schönhaar; es bedurfte
zweier weiterer Restaurationsversuche dieses Reiches unter Olaf Tryggvason (995–1000) und Olaf Haraldsson
(dem Heiligen, 1015–30), bis Norwegen sowohl ein endgültig geeintes Königreich als auch ein christliches wurde.
In Schweden ist die Lage noch komplexer, da die Christianisierung bis ins 12. Jh. dauerte, und in Island kann bis zur
Eingliederung unter die norwegische Krone 1265 überhaupt nicht von einem Reich gesprochen werden, obwohl
die isländische Historiographie die Zeit ab 930 bis 1265 etwas euphemistisch als Freistaatszeit bezeichnet und die
Christianisierung immerhin durch einen Formalakt des
Althings, der »gesamtstaatlichen« Versammlung aller Freibauern, schon 1000 beschlossen wurde.

Wenn oben vorläufig der Ausdruck »die Wikinger« in
Anführungszeichen gesetzt wurde, dann deshalb, weil dieser landläufige Begriff nicht problemlos wissenschaftlich
verwendet werden kann, da Wikinger (altnord. *víkingr*)
nämlich nur ›Seeräuber, Pirat‹ bedeutet und daher nicht
auf alle Skandinavier der Periode übertragen werden kann.
Trotzdem haben räuberische Aktivitäten in Westeuropa
dieser frühmittelalterlichen Epoche den Namen gegeben,

die meist und natürlich nur unzulänglich mit 793–1066 begrenzt wird. Es wäre also zu unterscheiden zwischen Wikingern einerseits, also tatsächlichen Seeräubern oder Kriegern auf Feldzügen auf dem Atlantik und der Ostsee, und andererseits all den Bewohnern Skandinaviens in der Wikingerzeit, welche sich aus Bauern, Händlern und Handwerkern beiderlei Geschlechts zusammensetzten und möglicherweise nie an Beutefahrten zur See teilgenommen hatten.[112] Darüber hinaus ist zu beachten, dass die Merowingerzeit in Skandinavien üblicherweise als Vendelzeit bezeichnet wird, was auf die vorwikingische Epoche abzielt, die sich gerade in Schweden als ausgesprochene Reichtumszeit erwiesen hat, aber auch in Dänemark immer deutlicher als solche hervortritt, was mitunter zu der Bezeichnung »Goldenes Zeitalter«[113] oder »Goldalter« für das 6. und 7. Jh. geführt hat.

## Skandinavien von der Eisenzeit zur Merowingerzeit

Dennoch sind wir für unsere ersten historischen Beschreibungen der skandinavischen Völkerschaften wiederum auf die Römer angewiesen. Zwar hatte schon der griechische Gelehrte und Seefahrer Pytheas von Massilia (Marseille) im Jahre 325 v. Chr. eine Entdeckungsreise in das Gebiet der »Keltoi« unternommen, die ihn neben Großbritannien wohl auch nach Südnorwegen geführt hatte, auch wenn man seine sagenhafte Insel Thule später mit Island identifizierte. Er konnte von Naturerscheinungen wie der Mitternachtssonne und der Herkunft des Bernsteins berichten, über die Völker selbst wusste er jedoch kaum etwas zu berichten, außer dass er die beiden Völkernamen der Guionen und Teutonen erwähnt.

---

112 Vgl. Rudolf Simek, *Die Wikinger*, München ⁴2005.
113 So Malcolm Todd, *Die Germanen*, Darmstadt 2000, S. 210, nach skandinavischem Sprachgebrauch.

Die erste Expedition der Römer über die Nordsee war die Fahrt des Drusus 12 v. Chr. rheinabwärts, der Küste der (schon verbündeten) Friesen entlang bis in das Gebiet der Chauken an der unteren Weser. Unter seinem Bruder Tiberius setzten sich die römischen Expeditionen fort, wobei er 4 v. Chr. die Chauker und die zwischen Weser und Elbe siedelnden Langobarden unterwerfen konnte. Die Flotte zur Unterstützung der Landtruppen hatte offenbar den Auftrag, um die jütische Halbinsel herum in die Ostsee vorzudringen und von dort in die Kämpfe einzugreifen, was aber misslang; die Flotte des Jahres 5 n. Chr. drang schließlich in die Elbe ein. Diese Expedition – die erste und letzte der Römer auf eigentlich skandinavisches Gebiet – war es offenbar, auf deren Ergebnissen noch die Schilderung der Germanen in der *Geographie* des Claudius Ptolemäus im 2. Jh. n. Chr. beruht. Dies hat zur Folge, dass Skandinavien erst mit diesem Zeitpunkt in das Licht der Geschichtsschreibung tritt und wir für die Zeit vorher allein auf die Archäologie angewiesen sind. Auch die Nachrichten des Ptolemäus sind noch mager genug. Zwar nennt er im Gegensatz zu Tacitus schon eine größere Zahl von Völkern östlich der Lugier an der südlichen Ostseeküste, diese Gegend dürfte aber durch den Bernsteinhandel am Beginn der römischen Kaiserzeit verstärkt in das Blickfeld der Römer geraten sein. Für die »Insel« Skandinavien selbst sollten die Angaben des Ptolemäus für mehr als 1000 Jahre die Außenansicht dominieren, und er schrieb England, Schottland, Irland, Island sowie Norwegen und Schweden gemeinsam als eigenständige Inseln fest.

Nordöstlich der in Ostfriesland als Marsch- und Wurtenbewohner charakterisierten Chauken (Tacitus, *Germania* 35) nennen für die Halbinsel Jütland sowohl Ptolemäus als auch Tacitus die Kimbern, aber während dies für Tacitus das einzige Volk Jütlands ist, nennt Ptolemäus zwischen Sachsen und Kimbern noch Sigulonen, Sabalin-

gier, Kobander, Chaler, Funusier und Charuden. All diese
Völker müssten nördlich der Sueben gelebt haben, aber
außer den Nennungen bei Ptolemäus wissen wir nichts
über sie. Nur eines davon mag den Tatsachen bald nach
der Zeitenwende entsprechen: nämlich dass Jütland in
zahlreiche, recht kleinräumige Stammesgebiete zerfiel.

Ab dem 2. Jh. schweigen auf lange Zeit die historischen
Quellen, und wir sind auf die glücklicherweise reichen archäologischen Quellen angewiesen, die uns die Vorgeschichte Dänemarks und Schwedens erschließen.

Besonders reichhaltig sind die archäologischen Quellen
für Jütland und zum Teil auch für die dänischen Inseln.
Nicht nur Siedlungs- und Grabfunde, sondern auch die
z. T. sensationellen Moorfunde geben uns einen Einblick
in die Gesellschaften der Eisenzeit in Südskandinavien.
Bei den Moorfunden waren es noch im 19. und frühen
20. Jh. die Moorleichen, welche das Interesse und die
Phantasie auch einer breiteren Öffentlichkeit erregt haben,
weil die Bewahrungsbedingungen in der chemisch sauren
Umgebung der Moorerde nicht nur das Aussehen von
Personen der ur- und frühgeschichtlichen Perioden wie
Haar- und Barttracht, sondern auch Kleidung, Todesursachen und sogar (aus dem Darminhalt) ihre Nahrung ver-
mitteln: Die Männer von Grauballe, Tollund, Dätgen und
Borremose hatten alle vor ihrem Tod einen Getreidebrei
zu sich genommen, und nur der mit Sicherheit als keltisch
zu bezeichnende Mann von Lindow (in England) hatte
Spuren von Schweinefleisch im Darm. Es muss festgehalten werden, dass neue Datierungen mit Hilfe der Radio-
karbonmethode ($C^{14}$) gezeigt haben, dass alle diese Moorleichen im Gegensatz zu früheren Annahmen in die ältere
Eisenzeit oder noch frühere Epochen einzuordnen sind.[114]

114 Rudolf und Angela Simek, »Bog People Revisited: Iron Age Bog-
Corpses and their Relevance for the History of Germanic Religion«, in:
*Hugur*, Mélanges [...] offerts à Régis Boyer pour son 65e anniversaire,
Paris 1997, S. 51–85.

Die ältere Forschung war nämlich allzu schnell bereit, die Moorleichen mit der bekannten Stelle bei Tacitus (*Germania* 12) zusammenzubringen, wo von verschiedenen Arten der Todesstrafe bei den Germanen die Rede ist und wo er erwähnt, dass man Feiglinge, Kriegsdienstverweigerer und *corpore infames* ›Unzüchtige‹ (?) in Sümpfen versenkt habe. Diese Erklärung greift aber eindeutig zu kurz, da die Moorleichen, gleich ob aus vorgermanischer Zeit oder der Eisenzeit, aus einer ganzen Reihe von Gründen ins Moor gelangt sind – so sind Mordopfer und Krieger ebenso darunter wie regelrecht und sogar liebevoll Bestattete. Nur diejenigen, die mehrfache Todesursachen (Hängen oder Erdrosseln und Erdolchen und Knochenbrüche) aufweisen oder auffällige Kennzeichen, wie ganz- oder halbrasierte Häupter, Kastration oder Fesselung, wird man überhaupt mit Opferungen oder Bestrafungen zusammenbringen dürfen. Da jedoch eine Reihe von Moorleichen auch von Kindern (wie in Yde oder Windeby) oder Frauen (der Anteil von männlichen und weiblichen Leichen unterscheidet sich nicht signifikant) stammt, und einige Männer (wie die Leichen von Grauballe und Dätgen, beide aus der Zeit kurz v. Chr.) auf Grund ihres gepflegten Äußeren sicherlich einer sozialen Elite angehörten, wird man Tacitus' Bemerkung auf jeden Fall in Frage stellen müssen, und was mit seiner dritten Gruppe gemeint ist (früher als Homosexuelle oder Sodomiten übersetzt[115]), gibt ebenfalls Anlass zu Spekulation, denn eigentlich wird nur gesagt »körperlich schmachvoll/berüchtigt«; dies ist vor allem deswegen beachtenswert, weil eine nicht unbeträchtliche Zahl von Moorleichen physische Behinderungen oder Deformationen aufweisen, die (wie noch im mittelalterlichen Grabbrauch) dazu geführt haben mögen, dass man diese Personen als verflucht ansah und sie des-

---

115  Vgl. z. B. Rudolf Much, *Die Germania des Tacitus*, Heidelberg ³1967, S. 215.

wegen im Moor beisetzte oder beseitigte. Jedenfalls gibt es keine einzelne Antwort, die zur Erklärung aller Moorleichen ausreichen würde, und deswegen sind Erklärungen als Opfer von Todesstrafen (wie bei Tacitus) oder als Menschenopfer zumindest vorschnell.

Die Moorleichen sind aber nur die spektakuläreren, die Phantasie der Menschen am stärksten anregenden archäologischen Funde der nordgermanischen Vorgeschichte. Aussagekräftiger sind die Grab-, Siedlungs- und besonders die Opferfunde, wovon Letztere im folgenden Kapitel über die Religion noch eingehender behandelt werden sollen. Abgesehen vom religiösen Aspekt geben uns die Waffenopferfunde aber auch Einblick in andere Bereiche eisenzeitlich-germanischer Kultur, wie der Bewaffnung und des Schiffbaus (vgl. dazu Kapitel 2, S. 35–38), daneben aber auch der Geschichte Südskandinaviens.

Die religiösen Zentren geben uns ebenso wie die Siedlungsstrukturen und die Grabfelder u. a. Auskunft über die regionale Gliederung, über Herrschaftszentren und ihre Verlagerung und nicht zuletzt über die offenbar intensiven kriegerischen Auseinandersetzungen vom 2. bis zum 5. Jh. im Bereich des heutigen Dänemark, in Südostnorwegen und Südschweden. Diese Konflikte deuten einerseits auf die Herausbildung neuer Herrschaftsformen in dieser Region während der römischen Kaiserzeit hin, weg von reinen Geschlechterstrukturen und hin zu größeren Einheiten.[116] Die kleinen Heere, deren Ausstattung man in den Waffenbeuteopferfunden gefunden hat, scheinen in Bewaffnung und Ausrüstung so weitgehend standardisiert, dass offenbar regionale Häuptlinge (oder Kleinkönige) für die Ausstattung der Krieger zuständig gewesen sein dürf-

---

116 Jytte Ringtved, »Regionalitet. Et jysk eksempel fra ynge romertid og ældre germanertid«, in: Mortensen, Peder und Birgit M. Rasmussen (Hrsg.), *Fra Stamme til Stat i Danmark*, Bd. I, Højberg/Århus 1988, S. 37–52; vgl. auch Heiko Steuer, *Frühgeschichtliche Sozialstrukturen in Mitteleuropa*, Göttingen 1982.

ten, was wieder auf die Etablierung einer Kriegerkaste in
fürstlichen Diensten hinweist. Diese war nicht nur der
Keim der feudalaristokratischen Systeme späterer Jahrhunderte, sondern gleichzeitig letztendlich die Wurzel
eines Lebensstils und Ethos, wie es für uns in der germanischen Heldensage greifbar wird, auch wenn bis zur Auf-
zeichnung der literarischen Ausgestaltungen noch Jahrhunderte vergangen sein mögen. Ein Beispiel dafür ist der
altenglische *Beowulf*, der (wohl im 8. Jh. verfasst) vorgeb-
lich Hofhaltung und Heldentaten am Königshof von Lejre
auf Seeland beschreibt, aber während einer schon weit zu-
rückliegenden Epoche.

Zum anderen reflektieren die in den Waffenbeuteopferfunden dokumentierten unruhigen Zeiten der jüngeren Eisenzeit und römischen Kaiserzeit zu einem gewissen Grad
auch Völkerbewegungen im südskandinavischen Raum,
die wir in Siedlungsfunden nur unzureichend nachvollzie-
hen können, welche aber mit den aus den frühen historischen Quellen bekannten Völkerbewegungen um die Ostsee kurz vor und noch lange nach der Zeitenwende in Beziehung gebracht werden müssen. Die aus Skandinavien
auswandernden Völker, Völkerteile oder vielleicht auch
nur Kriegergruppen führten immer wieder zu Unruhen in
anderen Siedlungsgebieten (vor allem den dänischen Inseln und den Südufern der Ostsee), und die wegen der
daraus resultierenden Verschiebungen in den Siedlungsgebieten mitunter weitreichende Folgen hatten, wie wir an
den durch Bevölkerungsbewegungen im Norden ausge-
lösten Markomannenkriegen ablesen können (vgl. Kapitel
4, S. 75–78). Die im heutigen Dänemark gefundenen, aber
offenbar aus der keltischen Welt Mitteleuropas stammenden spektakulären Funde wie der Kessel von Gundestrup
zeigen uns ebenso wie die ungewöhnlich reichen, meist
aus römischen Goldmünzen bestehenden Goldhorte aus
Südschweden im 5. und 6. Jh., dass die Nord-Süd-Bewe-
gungen der germanischen Stämme nicht als Einbahnstraße

gedacht werden dürfen: Offenbar kehrten auch noch nach Jahren oder Jahrzehnten Kriegergruppen oder ganze Heere aus dem Süden wieder nach Skandinavien zurück, ebenso wie die im vorigen Kapitel erwähnten germanischen Auswanderer nach Britannien wieder auf den Kontinent zurückzogen, wenn auch nicht unbedingt in ihre alten Siedlungsgebiete.

Wenn in Jütland und besonders der Landschaft Angeln die alten Mooropferplätze um 500 relativ rasch ihre Bedeutung zu verlieren scheinen, dann hat dies sicherlich mit der Auswanderung beträchtlicher Bevölkerungsteile nach Britannien zu tun, aber auch sonst dürfte sich die politische Landschaft Südskandinaviens zu verändern begonnen haben. Es ist sowohl in Dänemark wie in Schweden auch ein Übergang weg von den alten regionalen zu neuen, eher überregionalen Herrschaftsgebieten zu konstatieren, welche während des 6. und 7. Jh.s in neuen Reichtumszentren greifbar werden. Dazu gehören nicht nur die merowingerzeitlichen Kult-, Herrschafts- und Handelszentren in Gudme an der Ostküste der dänischen Inseln Fünen oder in Tissø an der Westküste von Seeland, sondern auch in Zentralschweden, wo sich in Uppland schon im 5. und 6. Jh. unter den Svearkönigen ein frühes Herrschaftsgefüge entwickelte, welches sein sichtbares Vermächtnis nur in den mächtigen Grabhügeln von Alt-Uppsala hinterlassen hat. Die Macht der Herrscher von Uppland, die wir vielleicht mit dem aus der mittelalterlichen Historiographie für das frühe Schweden belegten Ynglingen-Geschlecht identifizieren dürfen, wird in den darauffolgenden beiden Jahrhunderten in den Grabfeldern von Valsgärde und Vendel (unweit von Uppsala) reflektiert, die dieser reichen »Vendelzeit« auch ihren Namen gegeben haben. Bootgräber und reiche Beigaben wie mit Bildszenen geschmückte Prachthelme bezeugen für die hier herrschenden Dynastie(n) ein zentralistisch und monarchisch geprägtes Selbstverständnis, das offenbar auch die weiblichen Mitglieder

der Linie als Herrscher akzeptierte, wie eine Reihe reich ausgestatteter Bootsgräber belegt.

Ob diese Form der dynastischen Erbfolge auch für die Wikingerzeit galt, ist fraglich, obwohl das reichste aller wikingerzeitlichen Schiffsgräber, das von Oseberg am Oslofjord, die aufwendige Grablege einer um 820 verstorbenen Königin Åsa ist, welche in der mittelalterlichen skandinavischen Historiographie aber nur als Mutter von Halfdan dem Schwarzen ganz nebenbei erwähnt wird. Dennoch bekam sie alle Insignien und Besitztümer einer königlichen Hofhaltung mit ins Grab: Boote, Wagen, Schlitten, Tiere, eine Schlafkammer und eine voll eingerichtete Küche mit einer Menge Nahrungsmittel und nicht zuletzt eine Begleiterin. – Auch ein islamischer Reisender ins Skandinavien des 9. Jh.s, der maghrebinische Dichter und Diplomat Al-Ghazal (gest. 860), zeigte sich sehr beeindruckt von der Unabhängigkeit der Frauen in Skandinavien, nicht zuletzt einer dänischen Königin, mit der er sogar ein Verhältnis gehabt haben will.

## Wikingerzeit

Die Periode ab etwa 800 hat ihren Namen von den nunmehr relativ plötzlich und intensiv in das Licht der kontinentaleuropäischen Historiographie tretenden Skandinaviern, welche sich selbst in der Folge als *Víkingar* (wohl ursprüngl. ›Leute aus dem buchtenreichen Land = Norwegen‹ oder ›Leute aus Viken = Oslofjord‹, aber schon bald nur in der Bedeutung ›Seeräuber‹) bezeichneten. Für etwa 250 Jahre zeichnet sich die lange Geschichte der westeuropäisch-skandinavischen Beziehungen nunmehr durch die Dominanz kriegerischer Unternehmungen aus, welche fast ausschließlich von Skandinavien ausgingen. Dabei dürften organisierte Eroberungsversuche, wie wir sie aus der Heldensage um den Dänenkönig Ragnar Lodbrok kennen, der mit nur zwei Schiffen England erobern wollte, oder historisch belegte und wohlorganisierte Kriegszüge wie die des Dänenkönigs Knut des Großen oder der (fehlgeschlagene) Angriff Haralds des Harten von Norwegen auf England 1066, zu den Ausnahmen gehören. Kennzeichnend für die Wikingerzeit waren eher kleinere, privat organisierte Plünderungszüge, wie sie in Skandinavien und besonders im Baltikum wohl schon seit Jahrhunderten an der Tagesordnung waren, um mit Hilfe räuberischer Überfälle und offenerer Piraterie u. a. die Vermögen und Vorräte von Häuptlingen und Kleinkönigen aufzubessern und ihnen die Versorgung einer Kriegermannschaft zu ermöglichen. Waren es in der früheren Völkerwanderungszeit noch die Franken selbst gewesen, die an der Atlantikküste als Seeräuber tätig waren, und später bis in die Merowingerzeit die Sachsen, gegen welche Römer wie Franken eine Küstenbefestigung aufrechterhielten, so wurden sie nun von den Dänen und Norwegern abgelöst. Deren längere Fahrten und plötzliche Überfälle wurden durch die Einführung des Segels in Nordeuropa und einer damit einhergehenden Weiterentwicklung nordgermanischen Schiffbaus ermöglicht, welche weitaus höhere Reisegeschwindigkeiten und kraftsparendere Passagen erlaubte. Zwar erwähnt schon Sidonius Apollinaris um 743 in Gallien die Verwendung von Segeln durch sächsische Piraten, aber archäologisch ist dies nicht zu belegen, oder es markiert tatsächlich das bemerkenswerte Einsetzen dieser Neuerung.[117] Jedenfalls hat das schon erwähnte Osebergschiff von 820 bereits ein Rigg, und auch die gotländischen Bildsteine des 9. Jh.s belegen das Aufkommen von Segeln um diese Zeit. Es mag also gut sein, dass der Beginn der Wikingerzeit mit der Einführung des Segelns im Norden zusammenfällt, sodass die

117 Vgl. Jan Bill, »Schiffe und Seemannschaft«, in: Peter Sawyer (Hrsg.), *Die Wikinger. Geschichte und Kultur eines Seefahrervolkes*, Stuttgart 2000, S. 192–211, hier: 195 f.

Skandinavier im Besitz dieser technischen Überlegenheit
die Piraterie mit weitaus größerer Effizienz betreiben
konnten als bisher. Wenigstens hatte das Reich der Karolinger ihnen auf schiffbautechnischem Gebiet nichts annähernd Gleichwertiges entgegenzusetzen, und die archäologischen Funde von Flussschiffen, flachbodigen Prähmen,
im Rhein (bei Krefeld-Gellep) ebenso wie bei Haithabu in
Schleswig-Holstein machen dies mehr als deutlich. Auch
die größeren Handelsschiffe des sog. »Utrechter Typs«
aus dem 9.–11. Jh., von denen man bislang etwa zehn
Stück in der Mündung von Rhein und sogar Themse gefunden hat und mit denen möglicherweise die Friesen ihren Handel führten, hatten höchstens einen rudimentären
Mast und waren den skandinavischen Schiffen an Wendig-
keit, Geschwindigkeit und Seetauglichkeit augenfällig unterlegen.

Es mag also sein, dass von den in der Vergangenheit
vieldiskutierten »Gründen für den Beginn der Wikingerzeit« wenig Konkretes übrigbleibt; schon mittelalterliche
Autoren hatten sich nämlich darüber Gedanken gemacht
und die Armut Skandinaviens (so Adam von Bremen um
1070) oder den Kinderreichtum bzw. die angebliche Viri-
lität der Nordmänner (so Dudo von St. Quentin in seiner
Chronik *De moribus et actis primorum Normanniae du-
cum*, verfasst um 1020) für den so plötzlichen Aufbruch
so vieler Krieger aus Skandinavien verantwortlich gemacht, später hat man die Gründe in einer plötzlichen
Klimaverschlechterung, dem nordgermanischen Erbrecht,
dem politischen Druck des Karolingerreichs auf Dänemark oder der Initiation von Jungkriegern u. a. gesucht.
Alle diese Gründe mögen beigetragen haben zum plötzlichen Wandel der jahrhundertealten Handelsbeziehungen
zwischen dem fränkischen Reich und dem Norden, aber
keiner allein kann die Plötzlichkeit erklären, mit welcher
die ehemals als Händler am Niederrhein und in Friesland
bekannten Skandinavier nunmehr als Räuber und Piraten

zurückkehrten. Die vielzitierte Brutalität und »barbarische Wildheit« der Wikinger dagegen ist zu relativieren: Die christlichen Chronisten übertrugen hier in erster Linie ihren eigenen Barbarentopos auf die anfangs ja noch heidnischen Skandinavier, in Wahrheit aber unterschied sich das Verhalten der Wikinger im Kampf kaum von dem der Franken oder Bajuwaren; im Gegenteil, die reiche Kampferfahrung der Wikinger scheint zu einer Optimierung von Strategien zur Vermeidung von eigenen Opfern geführt zu haben, sodass wir viel mehr von Brandschatzungen und Erpressungen, Geiselnahme und Schutzgeldzahlungen in den zeitgenössischen Quellen zur Wikingerzeit hören als von offenen Feldschlachten oder tollkühnen Angriffen.

Die erste Phase der wikingischen Angriffe auf England und das Frankenreich scheint aus einer Serie eher ungeplanter und zufälliger Überfälle auf küstennahe Siedlungen, Klöster und Handelsplätze bestanden zu haben; so wurde die kleine Klosterinsel Iona in den Jahren 795, 802 und 806 geplündert, bis das Kloster im darauffolgenden Jahr nach Irland verlegt wurde. Allerdings dürfen wir Überfälle teilweise bereits vor dem »offiziellen« Beginn der Wikingerzeit mit dem berühmten Überfall auf das Kloster Lindisfarne auf Holy Island vor der englischen Nordostküste ansetzen (793), denn schon für das Jahr 789 wird ein Wikingerüberfall auf Dorchester verzeichnet, und König Offa von Mercia (gest. 796) soll bereits im Jahre 792 seine Küstenverteidigung gegen Raubüberfälle verstärkt haben. Auf der Ostseite des Ärmelkanals setzten die Überfälle erst ein wenig später ein. Vor 820 hören wir nur an der friesischen Küste vereinzelt von Plünderungen, aber ab etwa 834/835 begann eine Phase intensiverer Plünderungen an der Westküste des Karolingerreichs. Bemerkenswert ist, dass schon in dieser ersten Phase der Angriffe die Wikinger Inseln als Stützpunkte verwendeten, so etwa bei den Plünderungen an der Loire im Jahre 834, als sich die Wikinger anschließend mit ihrer Beute auf eine Insel (wohl die Île de Noirmoutier, oder aber die Île d'Yeu) zurückzogen (*Annales Bertiniani*). Auch in der Themsemündung dienten die Inseln Thanet und Sheppey als Basen für Operationen in England, an der Seine waren es Oissel oder Jeufosse in der Seinemündung, und es mag kein Zufall sein, dass sich die bislang einzigen wikingischen Schiffsgräber der Bretagne auf der Île de Groix gefunden haben. Inseln hielten den Piraten den Rücken frei, erlaubten einen schnellen Rückzug und kamen den skandinavischen Erfahrungen, in erster Linie das Wasser als Verkehrsweg zu nutzen, weitgehend entgegen.

Die zweite Phase wikingischer Aktivitäten in Westeuropa setzte um 850 ein, als die Skandinavier zwischen den Plünderfahrten nicht mehr jährlich nach Hause zurückkehrten, sondern sich zuerst auf Inseln (wie Noirmoutier und den Themseinseln Thanet und Sheppey), dann auch an den Küsten entlang niederließen, nachdem sie schon in den Jahren zuvor teilweise auch Frauen mitgebracht hatten; auch dies ist ein Indikator dafür, dass es nunmehr nicht mehr um reine Plünderfahrten ging, sondern auch die Suche nach Land eine Rolle spielte. Früher als auf dem Kontinent begann diese Phase in Irland, wo ab etwa 820 Skandinavier permanent siedelten und um Dublin in der Folge ein eigenes wikingisches Königreich errichteten. Während es im Frankenreich zwar immer wieder zu Überwinterungen kam, zum Teil in geschanzten Winterlagern wie in Duisburg am Rhein oder in Elsloo an der Maas[118], blieb die Ansiedlung auch nach dem Tod Karls des Großen und dem Zusammenbruch seiner Küstenverteidigung eher die Ausnahme. Dagegen entwickelte sich in England aus den vorerst vereinzelten Überwinterungen ein regelrechter Eroberungskrieg, in welchem die Skandinavier von Osten her immer größere Teile Englands ok-

118  Vgl. Rudolf Simek / Ulrike Engel, *Vikings on the Rhine*, Wien 2004, S. 50.

kupierten und sich dann in diesen Gebieten großflächig niederließen. In dieser dritten Phase dürften sich kleinere Wikingergruppen vereinzelt zu größeren Heeren zusammengeschlossen haben, und ab 865 hören wir in den angelsächsischen Chroniken von einem *micil here* (›großem Heer‹), das zwar kaum größer als 2000–3000 Mann gewesen sein dürfte, aber dennoch in der Lage war, systematisch die englischen Städte und Kleinkönigtümer zu erobern. So wurde 866 York in Northumbria, ab 870 Wessex, 872–874 Mercia eingenommen, das Winterlager dieser Armee in Repton (873/874) konnte inzwischen sogar archäologisch nachgewiesen werden. Danach teilte sich aber das Heer, wobei eine Abteilung 875–876 Northumbria unterwarf, die andere die verbleibenden Gebiete von Wessex und Mercia. Im Jahre 886 kam es dann schließlich zu der Aufteilung Englands zwischen Alfred im Südwesten und den Skandinaviern im Nordosten; das Gebiet der Skandinavier wurde in der Folge als Danelag bezeichnet (also das Gebiet, in dem das Gesetz der Dänen galt), und bei dieser Aufteilung sollte es bleiben, auch wenn ab 892/893 erneut eine größere Armee versuchte, Süd- und Westengland zu erobern. Bis 896 konnte König Alfred diesen Angriff erfolgreich abwehren, und er sicherte die Grenze zwischen Engländern und Skandinaviern durch eine Reihe von Befestigungsanlagen, den *burghs*. In Irland zeichnete sich diese dritte Phase der Eroberungen in erster Linie durch Kämpfe zwischen verschiedenen Gruppen dänischer und norwegischer Wikinger unter einem König Olaf und einem König Ivar aus, wobei nach dem Tode Olafs 871 Ivar schließlich sogar als *rex Nordmannorum totius Hiberniae et Britanniae* bezeichnet werden konnte, er sah sich also demnach als König aller Skandinavier in Irland und Nordwestengland einschließlich der Isle of Man, welche alle dem Königreich Dublin zugerechnet wurden. Erst 902 gelang es dem irischen König von Leinster, Cearbhall, die Stadt Dublin einzunehmen, allerdings nur bis 921, als der Däne Sigtrygg Dublin zurückeroberte und das wikingische Königreich Dublin auf zwei Generationen eine gewisse Stabilität erlangte. Erst in der Schlacht von Tara 980 und der berühmten Schlacht von Clontarf am Karfreitag 1016 verloren die Skandinavier völlig an Einfluss und das Königreich Dublin war seither wieder durchweg irisch dominiert. Diese (vierte) Phase der Rückeroberungen begann in England fast gleichzeitig wie in Irland unter Alfreds Sohn Edward, war aber schon 918 weitgehend abgeschlossen, und Edward wurde 920 als König in Northumbria angenommen. Die englische Krone wechselte freilich noch während des 10. Jh.s mehrfach zwischen skandinavischen und englischen Königen.

Erst die fünfte Phase der wikingischen Attacken gegen England ab 980 waren richtiggehende, geplante und von Skandinavien aus organisierte Eroberungszüge, nunmehr besonders gegen die englische Westküste und Wales. Besonders der (spätere) norwegische König Olaf Tryggvason und der Dänenkönig Sven Gabelbart nutzten die Unfähigkeit des englischen Königs Ethelred the Unready (›der Unberatene‹), um im Rahmen von fast jährlichen Angriffen bislang völlig unerhörte Summen aus England zu erpressen, besonders zwischen 992 und 1001, als Sven die bisherige Rekordsumme von 24 000 Pfund Silber als *Danegild*, also als Lösegeld von drohenden Plünderungen der Wikinger, bekam. Nach dem von Ethelred als Rache dafür angezettelten Massaker unter den alteingesessenen Skandinaviern vom *St. Brice's day* (13. November 1002) konnte Sven in den Jahren zwischen 1003 und 1012 im Rahmen von Strafexpeditionen weitere *Danegild*-Zahlungen erreichen, und nach einer letzten Zahlung von 48 000 Pfund Silber hatten die Engländer von Ethelred genug, und Sven wurde selbst König. Allerdings starb er bald darauf, und erst sein Sohn Knut unterwarf ganz England. Knut der Große wurde schließlich *rex totius Angliae et Dennemarchiae et Norregiae et partis Suavorum*, also König von ganz England,

Dänemark und Norwegen, aber seine drei Söhne starben so rasch nach ihm selbst (1033), dass das Großreich zerfiel. Als daher der Angriff des längst christlichen norwegischen Königs Harald des Harten auf England im September 1066 scheiterte und stattdessen die inzwischen in der Normandie romanisierten Wikinger unter Wilhelm dem Eroberer (in Skandinavien Wilhelm der Bastard genannt) kurz darauf England eroberten, errichteten sie dort keine wikingische, sondern eine christlich-romanische Herrschaft, auch wenn die Eroberer ursprünglich selbst norwegisch-dänischer Herkunft waren.

Das Frankenreich litt zwar nicht weniger unter den Angriffen der Wikinger als England, aber mangels dauerhafter Ansiedlungen und Eroberungen sind die Phasen wikingischer Aktivitäten hier nicht direkt zu übernehmen. Da Karl der Große mit der Anlage von Festungen, der Stationierung von Garnisonen an den Flussmündungen und der Sperre der Flüsse für ein recht effizientes Küstenverteidigungssystem gesorgt hatte, kam es erst nach seinem Tode 814 und dem sukzessiven Verfall dieser Verteidigungsanlagen zu Plünderungszügen von Dänen und Norwegern, die allerdings erst ab 834/835 intensiver wurden. Ab dieser Zeit wird der Handelsflecken Dorestad an der (damaligen) Rheinmündung auf einige Jahrzehnte fast jährlich von skandinavischen Plünderern niedergebrannt. Ab 841 operierten auch beinahe jährlich Flotten auf der Seine und der Loire, später auch auf dem Rhein; Paris wurde erstmals 845 niedergebrannt. Auch die Karolinger machten den Fehler, Danegildzahlungen zuzustimmen, was die Attraktivität des Frankenreichs für die Wikinger weiter erhöhte. Besonders nach dem Tod Karls des Kahlen im Jahre 877 nahmen die Wikingerüberfälle sogar noch zu, und in den 80er Jahren erreichten die Wikingereinfälle im Karolingerreich ihren Höhepunkt, sodass fast überall von Verwüstungen durch die »Normannenstürme« (dies ist aber heute ein anachronistischer Begriff) gesprochen wurde. Mit dem Jahre

911 lässt sich allerdings ein Wendepunkt festmachen, denn dem Wikinger Rollo wurden nun Teile der Normandie als Sold für die Abwehr anderer Wikinger überschrieben. Obwohl eine ähnliche Belehnung schon im 9. Jh. an einen Wikinger namens Horik in Friesland erfolgt war, blieb die Niederlassung in der (späteren) Normandie die einzig dauerhafte Ansiedlung von Nordmännern im fränkischen Reich, wohl auch deshalb, weil sich Rollo schon 912 in Rouen taufen ließ und sich bis 933 die gesamte Normandie eroberte. Als um 1006 sein Enkel Richard II. zum Herzog der Normandie erhoben wurde, war dies der krönende Abschluss der erfolgreichsten, wenn auch untypischen skandinavischen Eroberung; auch hier ging die Integration mit der Christianisierung Hand in Hand.

Ganz anders verlief die skandinavische Expansion des 9. und 10. Jh.s auf den Inseln des Nordatlantiks. Zwar gab es gerade in Schottland und auf den Hebriden, vielleicht auch auf den Orkneys, Kämpfe zwischen Wikingern und der eingesessenen keltischen Bevölkerung, aber offenbar gab es hier ausreichend Land, um norwegischen Auswanderungswilligen im nordschottischen Caithness, auf den Orkneys, Shetlands und den bislang nur irischen Mönchen bekannten Faröern (›Schafsinseln‹) die Ansiedlung weitgehend kampflos zu ermöglichen. Im besonderen Maß betraf diese reine Kolonisationsbewegung aber das angeblich erst zwischen 850 und 860 entdeckte Island, welches ab etwa 870 intensiv von Norwegen aus besiedelt wurde, ein Vorgang, der um 930 weitgehend abgeschlossen gewesen sein dürfte. Vorher gab es in Island auf jeden Fall irische Einsiedler, aber ob sich norwegische Siedler schon um 700 vereinzelt in Reykjavík und auf den Vestmannaeyjar niedergelassen hatten, gilt derzeit zwar als umstritten, wird aber von C[14]-Datierungen nahegelegt.[119]

119 Vgl. abwägend Páll Theodórsson, »Norse Settlement of Iceland – Close to AD 700?«, in: *Norwegian Archaeological Review* 31 (1998) S. 29–38.

Von Island aus wurde durch Eirík den Roten 982 Grönland entdeckt und dank einer geschickten Vermarktung mit Hilfe des reichlich euphemistischen Namens »Grün-Land« auch bald besiedelt. Jedoch überstieg die Gesamtbevölkerung in den beiden skandinavischen Siedlungen Grönlands zusammen wohl nie mehr als 3000, wobei die Ostsiedlung aus etwa 190, die Westsiedlung aus 90 Höfen bestand. Da sich die Skandinavier trotz erfindungsreicher Überlebensstrategien – so wurden die Tiere von der Westsiedlung aus zu Schiff im Sommer auf »Almen« hunderte von Kilometern nördlich davon gebracht – nie an die von den Eskimos entwickelte Anpassung an die unwirtliche Umwelt anglichen, dürften die skandinavischstämmigen Grönländer irgendwann im 15. oder 16. Jh. ausgestorben sein.

Obwohl die nun zu schildernden Ereignisse in die Zeit nach der Christianisierung Islands im Jahre 1000 fallen und somit eigentlich außerhalb des Bereichs dieser Darstellung liegen, soll doch noch kurz die versuchte Besiedlung Nordamerikas von Grönland aus erwähnt werden. Schon um 986 hatte ein Isländer auf der Fahrt nach Grönland, durch einen Sturm nach Südwesten getrieben, dort erstmals Land gesichtet, und im Jahre 1001 oder kurz danach unternahm Leif Eriksson die erste Expedition südwestwärts, wobei er zuerst Helluland (»Steinland«, Baffinland), dann Markland (»Waldland«, Labrador) und schließlich Vinland (»Weinland«?, eher aber »Weidenland«, Neufundland) entdeckte und dort überwinterte. Mehrere weitere Expeditionen hatten nur kurzfristigen Charakter, aber eine besser ausgerüstete um das Jahr 1021 stellte den Versuch einer dauerhaften Kolonisation dar, hielt aber nur drei Winter durch, bevor innere Zwistigkeiten auf Grund des Frauenmangels und Feindseligkeiten mit Indianern das Experiment beendeten. Die heute in L'Anse-aux-Meadows im nördlichen Neufundland zu sehenden Ausgrabungen von Hausresten skandinavischen

Typs können zwar nicht mit Sicherheit als die Siedlung Leifs oder der späteren Expeditionen identifiziert werden, stellen aber fraglos die Reste der entferntesten Siedlungsversuche germanischer Siedler des Frühmittelalters dar. Immerhin führte die Entdeckung zur Kenntnis transatlantischer Gebiete schon in der hoch- und spätmittelalterlichen Kosmographie und Kartographie der Skandinavier, also lange vor den spanischen und portugiesischen Entdeckungen.

Geographisch ebenfalls weitreichend, allerdings von ganz anderer Konsequenz war die Expansion der Schweden nach Osten in das osteuropäische Tiefland. Während in der Völkerwanderungszeit in Mitteleuropa ganze Stammesverbände auf der Suche nach Land unterwegs waren und selbst im Nordatlantik immerhin noch Großfamilien in Gruppen zur Besiedlung der atlantischen Inseln aufbrachen, waren es im Osten sehr kleine Einheiten, vielleicht nur einzelne Schiffsmannschaften, deren Mitglieder miteinander zum Zwecke des Handels ähnlich den späteren Gildebrüdern Verträge abgeschlossen hatten, welche uns diese Schweden als Waräger bezeichnen lassen (altnord. *væringjar* von *vár* ›Vertrag‹?). Im Slawischen wurden diese Skandinavier im Osteuropa des 9. bis 11. Jh.s als Rus' bezeichnet, ein Begriff, dessen Herkunft nicht völlig geklärt ist; entweder stammt er von finnisch *ruotsi* ›Schweden‹ ab, was selbst (vgl. altnord. *róðr* ›das Rudern‹) die Bezeichnung für die auf Wasserwegen rudernden Skandinavier gewesen wäre; aber auch eine Herkunft von der schwedischen Provinz Roslagen (altschwed. *róþlag*) wäre denkbar, oder gar eine slawische Bezeichnung für ›rothaarige Menschen‹. Jedenfalls beziehen sich beide Begriffe immer auf Skandinavier in Osteuropa, wo sie zuerst über den Handel ökonomischen, dann auch politischen Einfluss gewannen, eine nicht unwesentliche Rolle bei der Gründung der heute an den russischen Flüssen aufgereihten Städte hatten und schließlich im Kiewer Reich die

Herrschaft erlangten, aber dennoch immer nur eine relativ dünne germanische Oberschicht neben slawischen, karelischen und finnischen Bevölkerungsanteilen blieben. Ausgrabungen in Nowgorod und dem auf der anderen Seite des Dnjepr gelegenen Gorodišče haben gezeigt, dass höchstens 10–15 % der dort gefundenen Gräber auf Skandinavier deuten. Immerhin haben die Skandinavier dennoch einen bleibenden Platz in der russischen Reichswerdung eingenommen, nicht nur im Gründungsmythos der *Nestorchronik* des 11. Jh.s, in der man sich auf ins Land gerufene Schweden zurückführte, sondern auch in den Orts- und Personennamen. Die Dnjeprstromschnellen und viele der Städte trugen vormals skandinavische Namen, und auch die Namen der mittelalterlichen Kiewer Oberschicht sind skandinavisch (Rurik = Hrorek, Oleg = Helge, Igor = Ingvar, Olga = Helga) und haben sich teilweise bis ins heutige Russisch erhalten.

Berühmtheit erlangten die Skandinavier auf der Ostroute aber nicht nur über den Handel, der sie ins Schwarze und sogar das Kaspische Meer führte, sondern auch auf Grund der noch bis ins 12. Jh. als Warägergarde bezeichneten byzantinischen Palastgarde, die sich zuerst ausschließlich aus großgewachsenen Skandinaviern, später zusätzlich auch aus Engländern rekrutierte. Der schon oben erwähnte spätere Norwegerkönig Harald der Harte brachte es noch Mitte des 11. Jh.s als Anführer der Warägergarde und byzantinischer Feldherr auf Kriegszügen bis nach Syrien und Sizilien nicht nur zu Ansehen, sondern auch zu solchem Reichtum, dass er damit seine Ansprüche auf den norwegischen Thron erfolgreich durchsetzen konnte. Hiermit stand er also in der Tradition einer langen Reihe von germanischen Feldherren in (ost)römischen Diensten, auch wenn sich das Römische Reich schon lange gewandelt hatte.

Die Rolle der germanischen Skandinavier in der Entstehungsgeschichte Russlands war lange durch den sogenann-

ten Normannistenstreit über die Rolle der germanischen
Skandinavier bei der Staatswerdung Russlands belastet,
aber heute lässt sich weitgehend unbestritten feststellen,
dass sich der schwedische Einfluss im Gebiet der Rus' zum
einen eher durch ökonomische Infiltration als durch militärische Aggression fühlbar machte, zum anderen aber nur
in Staraja Ladoga (altnord. *Aldeigjuborg*), Nowgorod (altnord. *Hólmgarðr* ›Inselstadt‹) und Kiew (altnord. *Kænu-
garðr*) mit ihren warägischen Fürsten auch politisch greifbar wurde. Ihr historischer Einfluss war somit zwar nicht
dominant, aber keineswegs zu vernachlässigen.

# 9

# Die Germanen als Heiden und das Christentum

## Germanentum und Heidentum

Ist die Verehrung von Odin und Thor die wahre germanische Religion, oder etwa ein von Rom losgelöstes, germanisiertes Christentum? Diese Frage hat vor allem in Deutschland im 19. und frühen 20. Jh., und endlich in den Flügelkämpfen der verschiedenen ideologischen Richtungen innerhalb der NSDAP, die Gemüter bewegt. Wenn dagegen heute und auch oft in der Geschichte des 20. Jh.s versucht wird, Germanentum und Christentum im historischen Sinn als Gegensatzpaar zu sehen, dann entspricht das nicht völlig den historischen Gegebenheiten. Damit meine ich nicht die genannten Versuche im »Dritten Reich«, eine Art »germanisches Christentum« zu schaffen, das sich an ältere Tendenzen im lutherischen Protestantismus anlehnen konnte, die ein deutsches Christentum (im Gegensatz zu einem internationaleren Christentum römischer Prägung) schaffen wollten; solche Versuche sind aus neuzeitlichen Überlegungen zum Thema einer nationalen Religion als Unterscheidung zum ursprünglich völlig universal angelegten Christentum heraus zu verstehen, haben aber nichts mit den Religionen (oder gar der Religiosität) der germanischen Stämme während der für uns greifbaren Zeit im ersten Jahrtausend n. Chr. zu tun. Auch die eingangs gestellte Frage lässt sich nicht beantworten, sondern ist nur ein anachronistischer Ansatz.

Christentum und Germanentum waren historisch offenbar keineswegs ein Gegensatz: Die meisten der germanischen Stämme sind überraschend schnell und reibungslos zum Christentum konvertiert, und nur bei Sachsen, Friesen und in Teilen Nordeuropas ist die Mission auf ernsthafte Widerstände gestoßen, die allerdings in erster Linie politisch motiviert waren. Die Friesen und Sachsen etwa erteilten etwa gleichzeitig mit dem Christentum den mit der Mission einhergehenden (und diese wohl erst auslösenden) Expansionsbestrebungen des Karolingerreichs eine Absage. Im Schweden des 11. und noch 12. Jh.s, als christliche und heidnische Könige einander ablösten und jeweils die entsprechende Religion zu fördern versuchten, war es der Versuch, sich jeweils der Religion eines wesentlichen Bevölkerungsteils zu versichern, um damit den Rivalen um die Herrschaft entgegentreten zu können. Ähnliches hatte sich schon Ende des 10. und Anfang des 11. Jh.s in Norwegen abgespielt, als die heidnischen Jarle von Lade (Hlaðir) sich den Reichseinigungsbestrebungen der Könige Olaf Tryggvason und Olaf Haraldsson aus vorwiegend politischen Gründen entgegenstellten, was vor allem Olaf Tryggvason zur Betreibung der Schwertmission verleitete, deren Prinzipien er wohl im Karolingerreich kennen gelernt hatte.

Zu der in der Regel aber doch reibungslosen oder mit den genannten Ausnahmen wenigstens gewaltfreien Bekehrung zum Christentum kommt, dass von den Goten ausgehend die christliche Lehre des Arianismus so rasch auf germanische Gruppen – und fast nur auf sie – übergriff, dass man dabei schon beinahe von einer germanischen Sonderform des Christentums vom 3. bis 5. Jh. n. Chr., also während einer nicht unbeträchtlichen Zeitspanne, sprechen kann. Weiter ist zu berücksichtigen, dass die meisten germanischen *gentes* ihre uns bekannte Geschichte schon im Wesentlichen als Christen vollzogen haben, und zwar nicht nur die früh bekehrten Goten, sondern auch u. a. die Wandalen, Langobarden, Burgunder und Franken. Andererseits ist die Verehrung von Odin/ Wodan und Thor/Donar eine der wenigen Konstanten, welche sich für die vorchristlichen germanischen Völker als echt »heidnisch« (was aber nur heißt: »nicht-christlich«) ausmachen lässt. Ansonsten lassen sich nämlich erstaunlich viele Partikularformen der Religion in einzelnen germanischen Gebieten feststellen, die sich keineswegs völlig harmonisieren lassen.

## Die vorchristlichen Religionen der Germanen

Keine andere vorchristliche europäische Religion mit Ausnahme des römischen Staatskults hat so weite Verbreitung in Europa erlangt wie der germanische Polytheismus – und dennoch ist diese Religion in den meisten Gebieten schnell und fast spurlos verschwunden. Dieses Paradoxon ist nicht einmal in der Forschung ausreichend thematisiert worden, obwohl es selbstverständlich ist, dass Kimbern und Teutonen bei ihrem ersten Vordringen in den mediterranen Raum, Goten bei ihren Wanderungen ans Schwarze Meer, Langobarden wie auch Wandalen und Alamannen bei ihrem ersten Eindringen ins Römische Reich ebenso einem heidnischen Polytheismus anhingen wie noch die Angelsachsen bei ihrer Besiedlung der britischen Inseln oder die Wikinger bei ihren viel späteren Angriffen auf Westeuropa. Dennoch haben alle diese *gentes* mit Ausnahme der beiden letztgenannten kurz nach der ersten Bekanntschaft mit überraschender Schnelligkeit das Christentum arianischer Prägung übernommen, und auch dort, wo die Burgunder, Bajuwaren und Franken auf Grund des alten römischen Christentums auf dem Boden der römischen Provinzen direkt zum Katholizismus übergetreten sind, geschah dies zwar etwas zögerlicher, aber insgesamt immer noch erstaunlich schnell.

Bevor aber die Frage nach der Konversion und ihren Gründen zu stellen ist, muss die Natur der vorchristlichen Religion der Germanen betrachtet werden. Hier ist vorab zu konstatieren, dass man nicht von *der* germanischen paganen Religion sprechen kann, sondern dass es zeitlich und räumlich stark divergente Ausformungen dieser polytheistischen Religionsstufe gab, sodass wir besser von den germanischen Religionen im Plural sprechen. Für manche der früh christianisierten Germanen wie Goten, Langobarden, Wandalen oder Burgunder haben wir zudem so gut wie überhaupt keine Reste der vorchristlichen Religion, und nur die jeweilige *origo* bewahrt zuweilen Reste mythischer Herkunftssagen, die gewisse Gemeinsamkeiten aufweisen. Zu diesen mehrfach belegten Elementen gehört die Abstammung von einem (königlichen) Brüderpaar, welches in der Auswanderungs- oder Landnahmephase eine Rolle gespielt hat, und eine Abstammung in der einen oder anderen Weise vom Gott Wodan/Odin, der noch von den Mythographen des hochmittelalterlichen Island als Anfangspunkt königlicher Genealogien gebucht wurde. Die Rolle Wodans/Odins findet sich sowohl bei den Angelsachsen (als Stammvater der Königshäuser) wie bei den Goten, wo Jordanes im 6. Jh. in seiner Gotengeschichte die Amaler auf »Halbgötter« namens Ansis (= Asen?) zurückführt, deren erster ein gewisser Gapt gewesen sein soll. Da Gapt (bzw. Gaut) ein altnordischer Name für Odin ist und als Geat auch in angelsächsischen und Gausus in langobardischen Genealogien zu finden ist, kann man vielleicht auch Jordanes' Bemerkung, dass die Goten besonders den Mars verehrt hätten, mit dieser Odinsverehrung in Verbindung bringen. Was das mythische Brüderpaar anlangt, so findet sich dieses in etlichen der Herkunftssagen: als Hengist und Horsa bei den Angelsachsen oder Jüten, als Ibur und Aio bzw. Aggi und Ebbi bei den Langobarden, als Raus und Raptos bei den hasdingischen Wandalen (vgl. dazu Kapitel 4, S. 98–100).

# Die germanischen Opferbräuche

Alle germanischen *gentes* haben, soweit wir wissen, vor der Bekehrung zum Christentum polytheistischen Religionen angehangen, wozu vor allem im Norden ein starker Einschlag schamanischer Praxis kam, der vor allem in den Zauberpraktiken rund um Odin in seiner nordischen Ausformung greifbar wird.

Für die älteste Zeit, also die vorrömische Eisenzeit, haben wir kaum Belege zur Religiosität der Germanen außer den Opferformen, welche sich schon damals auf Feuchträume wie Seen, Quellen und besonders Moore konzentriert haben dürften. Ebenfalls schon für den Übergang von der Bronzezeit zur Eisenzeit ist die Verehrung von anthropomorphen (menschengestalteten) oder auch ganz einfachen Holzstelen belegt, wie sie uns in dem bekannten Paar über 2 m hoher Pfahlgötzen aus Braak bei Eutin (jetzt im Archäologischen Landesmuseum in Schleswig) begegnen, welches allerdings von den Kuratoren des 19. Jh.s seiner auffälligsten Geschlechtsmerkmale beraubt wurde. Die Opfer dieser ältesten Periode bestanden in erster Linie aus privaten Opferungen von Nahrungsmitteln in Mooren, in erster Linie Keramikgefäße mit Butter oder anderen tierischen Fetten oder Flachs, aber später und bis zur Völkerwanderungszeit sind einzelne, persönliche Wertgegenstände wie Fibeln (für Frauen), silberne und goldene Ringe sowie teure Waffen und Ausrüstungsgegenstände die typischen Opfergaben von Familien oder Einzelpersonen. Diese sind selbstverständlich einzeln in die Moore und Seen gelangt, unterliegen aber gewissen Moden; dagegen wissen wir überhaupt nichts darüber, ob ihre Opferung zu bestimmten Festzeiten erfolgte, wahrscheinlich aber eher nicht; auch Quellen (wogegen noch Bestimmungen der Missionare des 8. und 9. Jh.s wettern) und vielleicht sogar Flüsse konnten Ort solcher Niederlegungen sein.

In der römischen Eisenzeit und der Völkerwanderungszeit, also etwa vom 1. bis zum 5. Jh. n. Chr., beginnt sich das Bild der Opfermoore zu verändern. Neben privaten Opfern tauchen nun auch Menschenopfer und große kommunale Tieropfer auf, welche auf regelmäßige Opferfeste zu bestimmten Zeiten in einer regional (und wohl nicht nur lokal) definierten Gemeinschaft deuten. Noch viel eindrucksvoller sind aber die archäologischen Belege für weitere Opfer dieser unruhigen und kriegsgeschüttelten Jahrhunderte in Südskandinavien, nämlich die riesigen Waffenbeuteopfer.[120] In diesen wurde der gesamte Besitz einer besiegten Armee den Göttern geopfert, indem man Waffen, Schilde, Zaumzeuge und Ausrüstungsgegenstände wie Werkzeuge und Feuerzeuge absichtlich unbrauchbar machte, dann meist auch noch verbrannte und schließlich die Reste sortiert und gebündelt in Seen oder Mooren versenkte. Die aus diesem Anlass angebrachten Runeninschriften sind nicht völlig zu deuten, aber immerhin ist auffällig, dass kein einziger Göttername darunter zu finden ist, wohl aber offenbar Wörter (oder wenigstens Begriffsrunen) für »geschützter/heiliger Ort« oder »Götter«. Tausende von verbogenen Schwertern und Speerspitzen, flachgeklopften Schildbuckeln und zerbrochenen Pfeilschäften zeugen von der unbedingten Opferbereitschaft der germanischen Gruppen im heute dänischen Gebiet, wenn sie das feindliche Heer ihren Göttern oder jenseitigen Mächten geweiht hatten. An solchen Feinden war offenbar kein Mangel: Die Herkunft der Gegenstände zeigt, dass die meist aus 200–300 Mann bestehenden Invasions- oder Inkursionsarmeen aus Norwegen, Westschweden oder selbst von der südlichen Ostseeküste stammen konnten. Während wir Herkunft, Funktion und Verbleib der Ausrüstung dieser Heere aber nachverfolgen können,

---

120 Diese Art öffentlicher Opfer ist ausführlich behandelt bei Rudolf Simek, *Religion und Mythologie der Germanen*, Darmstadt 2003, S. 42–67.

bleibt der Verbleib der Menschen im Dunkeln: Wurden sie in die Sklaverei verkauft, alle hingerichtet und verbrannt oder gar, wie aus wikingerzeitlichen Quellen bekannt, alle in den Bäumen erhängt? Jedenfalls hat sich bislang weder in Nydam, Thorsberg, Illerup Å, Ejsbøl oder den anderen großen dänischen Waffenbeuteopferfunden ein Grabfeld gefunden, das uns Auskunft über die Zahl der Gefallenen oder die Todesart der Besiegten geben könnte.

Auch abseits dieser großen Kriegsbeuteopfer wurden blutige Opfer abgehalten, wobei aber Menschenopfer wenigstens nicht die Regel waren, auch wenn sie schon Tacitus (*Germania* 39) mit vorgespielter Abscheu beschreibt:

Als die ältesten und angesehensten unter den Sueben bezeichnen sich die Semnonen; die Glaubwürdigkeit ihres hohen Alters wird durch das religiöse Brauchtum erhärtet. Zu bestimmter Zeit kommen Abordnungen aller Völkerschaften gleichen Blutes in einem Wald zusammen, der durch Weihungen der Väterzeit und durch uralte fromme Scheu geheiligt ist, bringen dann im Namen des Bundes ein Menschenopfer dar und begehen die schauerliche Feier ihres barbarischen Kultes. Auch eine andere Verehrung wird dem Hain noch gezollt: Niemand betritt ihn, ohne gefesselt zu sein, und zwar zum Ausdruck der menschlichen Unterlegenheit und zur Bekundung der göttlichen Macht. Wenn jemand zufällig ausgleitet, darf er sich nicht aufheben lassen und nicht aufstehen; man wälzt sich auf dem Erdboden hinaus. Der ganze Glaube geht auf die Ansicht zurück, dass hier der Anbeginn des Stammes liege, hier der allherrschende Gott wohne, dass alles andere ihm unterworfen sei und gehorchen müsse.

Die Bedeutung der Menschenopfer, aber auch ihre relative Seltenheit, lässt sich etwa im Moor Skedemosse auf der schwedischen Insel Öland ablesen, wo der damalige See wohl ein halbes Jahrtausend lang, nämlich vom 1. Jh. bis gegen Ende des 5. Jh.s n. Chr., eine Rolle als zentrales Heiligtum Ölands gespielt haben dürfte, wobei neben hunderten von Rindern, Pferden und Schafen auch Schmuck aus Gold und Silber, Eisen und Bronze, Tausende von Speerspitzen, Pfeilspitzen, dazu rund 50 Schildbuckel und auch Schwerter geopfert wurden.[121] Daneben wurden in diesem Zeitraum auch noch mindestens 38 Menschen geopfert, von denen einzelne auch Spuren von Kannibalismus aufweisen. Für den langen Zeitraum ist die Zahl dieser Menschenopfer aber doch sehr gering, was auf Ausnahmeerscheinungen in Krisenzeiten oder aber in längerem zeitlichen Abstand wiederkehrende Großfeiern hindeuten könnte. Dass diesem Moor ohnehin eine Sonderstellung zukam, beweisen neben Waffenfunden noch sieben schwere und große Halsringe aus Gold aus dem 3./4. Jh. Die Opfertätigkeit hier bricht erst ab, nachdem auch der benachbarte Ort Bo gegen Ende des 5. Jh.s plötzlich verlassen wurde. Ein breiter Kultweg vom Wohnort zur Opferstätte zeichnete den Opferplatz im Skedemosse aus, und ähnliche Anlagen von Wegen und Stegen ins Moor kennen wir noch viel weiter südlich, nicht nur im Moor von Thorsberg, sondern selbst vom Kultplatz von Oberdorla in Thüringen, wo ein Knüppeldamm zum Opferplatz führte.

Auch sonst haben die räumlich weit auseinanderliegenden Opferplätze einiges gemeinsam: Sie waren jahrhundertelang in Gebrauch und dienten sowohl privaten wie auch großen öffentlichen Opfern. Zwar war der Kult-

---

121 Vgl. Ulf Erik Hagberg, *The Archeology of Skedemosse*, Bd. II: *The Votive Deposits in the Skedemosse Fen and their Relation to the Iron-Age Settlement on Öland, Sweden*, Stockholm 1967; Margareta Beskov-Sjöberg, *The Archaeology of Skedemosse*, Bd. IV, Stockholm 1977; knapp zusammengefasst bei Ulf Erik Hagberg, »Religionsgeschichtliche Aspekte des Moorfundes vom Skedemosse auf Öland«, in: H. Jankuhn (Hrsg.), *Vorgeschichtliche Heiligtümer und Opferplätze*, Göttingen 1970, S. 167–171.

platz in Oberdorla kleiner an Umfang, aber wies immerhin eine deutliche Ausgestaltung mit Weg, Zäunen und Holzgötzen auf, wo immer wieder große Tieropfer (mit ingesamt hunderten von Rindern und Hunden) abgehalten wurden, daneben aber offenbar auch Menschenopfer, denn es fanden sich insgesamt etwa 40 Skelettreste. Diese Opferstätte wurde mehrfach wegen der Verlandung des Sees verlegt und umgestaltet, war aber insgesamt über 1000 Jahre lang vom 6. Jh. v. Chr. an in Verwendung und wurde ebenfalls erst gegen Ende der Völkerwanderungszeit aufgegeben. Eine der hier gefundenen anthropomorphen Holzgötzen ist eine Astgabel mit deutlich herausgearbeiteten weiblichen Geschlechtsmerkmalen und somit wohl ein Hinweis für eine hier schon um die Zeitenwende verehrte weibliche Gottheit. Wie beim erwähnten Figurenpaar aus Braak ist jedoch nicht auszuschließen, dass hier daneben auch andere Gottheiten verehrt wurden. Ein weiteres, wenn auch weniger gut archäologisch dokumentiertes Opfermoor findet sich in Possendorf bei Weimar.

Andere Formen öffentlicher Opfer, die man sich in regelmäßigen, aber vielleicht nicht einmal jährlichen Intervallen vorzustellen hat, sind durch die Niederlegung der Schädel der Opfertiere nachzuweisen, wie es in der Kultanlage von Yeavering in Northumbria der Fall ist. Hier hat man an den Wänden eines Kulthauses (einer Halle?) die Schädel geopferter Rinder gestapelt, zum Teil in Gruben vergraben; in Skandinavien wurden mitunter die Häute der Tiere mit Schädel und Extremitäten, aber ohne die fleischtragenden Teile, in Mooren aufgefunden. Das könnte darauf hindeuten, dass das Fleisch der Rinder oder Pferde, mitunter auch Schafe, beim gemeinsamen Opfermahl verzehrt wurde, Haut und Schädel aber als Pars-pro-toto-Opfer über oder auf dem Moor ausgestellt für die jenseitigen Mächte bestimmt waren. Solche kommunalen Opfer von Großtieren wird man sich schon aus ökonomi-

schen Gründen im Herbst oder spätestens Mittwinter vorzustellen haben, als die Tiere geschlachtet werden mussten, die man nicht durch den Winter füttern konnte.

## Goldbilder und Kulthallen

Insgesamt änderte sich aber mit der Mitte des 1. Jahrtausends der Opferbrauch, Waffenbeuteopfer treten danach
nicht mehr auf, kommunale und private Opfergaben in
Feuchträumen werden deutlich seltener. Im Gegensatz zu
diesen Formen des Votivopfers treten vor allem in Südskandinavien, aber auch noch bei Kontinentalgermanen
kurz vor der Christianisierung (wie den Alamannen oder
den Angelsachsen) jetzt offenbar andere Formen der Göt-
terverehrung ins Zentrum. Zum einen manifestiert sich
dies in den hunderten von Goldbrakteaten, ursprünglich
Imitationen römischer Kaisermedaillons, die nunmehr
aber offenbar eine religiöse Umdeutung erfuhren, wie die
nicht selten darauf zu findenden runischen Formelwörter
bezeugen. Dass das Götterhaupt auf den sogenannten
C-Brakteaten tatsächlich, wie heute meist angenommen,
Wodan/Odin darstellt, ist zwar recht naheliegend, aber
durch keine einzige Namensnennung auf diesen Gold-
scheibchen zu erhärten. Diese besonders in Dänemark
und Südschweden, aber auch bis Süddeutschland, England
und darüber hinaus bekannten Bildchen waren nur im 5.
und 6. Jh. verbreitet. Im 6. und 7. Jh. werden diese Funde
von anderen kleinen Goldbildchen abgelöst, nämlich den
meist rechteckigen winzigen Darstellungen von Menschen
und Paaren, den sogenannten *Guldgubbern* (dän., ›Gold-
männchen‹), welche aber mit großer Sicherheit keine Götter darstellen, sondern allenfalls Herrscher, wahrscheinlicher aber fürstliche Ahnen. Sie wurden in den meisten
Fällen (wo die Zuordnung möglich ist) in Reichtumszentren in Skandinavien gefunden, die Verbreitung reicht von

Dänemark mit Bornholm bis Schonen, Mittelschweden, und in Norwegen vom Oslofjord bis zu den Lofoten, allerdings eben nur an ganz besonderen Stellen. Diese lassen sich inzwischen genau mit den nördlichen Tragepfeilern großer, fürstlicher, aber nicht immer auch weltlich genutzter Hallen festmachen, die die stattliche Größe von bis zu 74 m Länge (wie in Borg auf den Lofoten) erreichten, obwohl eine eher standardisierte Länge um die 47 m gelegen haben dürfte. Nur in Uppåkra nahe von Lund in Schonen sind die *Guldgubber* in einem nicht wirklich als Halle zu bezeichnenden, sondern wohl über Jahrhunderte als Art von Kulthaus genutzten kleineren Gebäude zu Tage gekommen. Das Auffällige an den kleinen Goldbildchen sind die sprechenden Gesten der Figuren, welche stark an mittelalterliche Rechtsgesten erinnern und wohl bestimmte Formen dynastischer Verbindungen – Ehen, Verträge, Erbfolgen? – unter irdischen Fürsten, vielleicht aber auch unter ihren (vergöttlichten?) Ahnen dokumentieren und perpetuieren sollten. Die riesigen Hallen, oft ohne alle Siedlungsfunde und damit dem alltäglichen Gebrauch offenbar entzogen, weisen ohnehin auf einen Zusammenfall von religiöser und säkularer Herrschaftsfunktion hin. Vielleicht haben wir es in diesen als Kultprotagonisten fungierenden Kleinfürsten schon mit einer Frühform der Goden zu tun, welche dann später in historischer Zeit in Island nur mehr weltliche Funktionen ausübten, deren Bezeichnung aber doch auf eine ursprünglich religiöse Rolle hinweist.

Während die genannten Goldbrakteaten nie Frauen zeigten, sind auf den kleinen *Guldgubbern* in etwa 20 % der Fälle Paare dargestellt, in etwa 15 % auch Frauen alleine, die durch besonders reiche Kleidung und Schmuck, fast bodenlange Haare und mitunter auch ein Trinkhorn gekennzeichnet sind. Derartige Frauendarstellungen finden sich neben Bildsteinen und Anhängern auch auf vendel- und wikingerzeitlichen Schmuckstücken, was die alte Deu-

tung als »Walküren« hinfällig macht: Die Totendämonen
des Schlachtfelds waren als weibliche Amulette oder
Schmuckstücke wohl kaum denkbar. Wir wissen dagegen
gut Bescheid über germanische weibliche Schutzgotthei-
ten, allerdings aus einer viel früheren Zeit, nämlich dem
2. bis 4. Jh. n. Chr. bei den entlang des Rheins siedelnden
romanisierten Germanen, welche den sogenannten Matronen Weihesteine als Votivgaben für das Glück und Heil ihrer Familien aufstellten. Diese fast durchweg als Dreiheit
von Frauen dargestellten Gottheiten (sie werden auf den
Steinen selbst außer als *matrones/matronae* auch als *deae*
›Göttinnen‹ bezeichnet) sind mit großer Sicherheit schüt-
zende Ahnen, Familien-, Stammes- oder Lokalgöttinnen,
denen man in erster Linie für ganz private Anliegen opfer-
te. Allerdings lassen große Tempelanlagen wie in Netters-
heim und Pesch in der Eifel oder in Bonn (unter dem
Münster) auf gewisse kommunale Aspekte des Kultes
schließen. Da wir aus dem *Ersten Merseburger Zauberspruch* (*Eiris sazun idisi* »Einst saßen da ehrbare Frauen«)
wissen, dass solche Idisi schutzgebende weibliche Ahnen
gewesen sein dürften, liegt es nahe, auch die Matronen zu
den Disen (altnordisch *dísir*, Sg. *dís*) zu stellen. Diese waren
zwar in den schriftlichen Quellen der historischen Periode
schon fast in Vergessenheit geraten, aber wir erfahren aus
spätwikingerzeitlichen Skaldengedichten immerhin noch,
dass es Opfer für sie gab und vielleicht sogar Kultbauten.

## Die germanische Götterwelt

Die aus der Frühzeit für die Germanen namentlich genannten Götter kennen wir nur durch ihre lateinischen
Namen bei Caesar, Tacitus und auf den spätantiken Weihesteinen. Sie nannten zuvorderst Merkur, Herkules und
Mars als germanische Hauptgötter; nur eine dieser Zuord-
nungen kann jedoch durch die Übersetzung der lateini-

schen Wochentagsnamen im 3./4. Jh. bestätigt werden, nämlich Merkur mit Wodan/Odin. Dagegen wird hier Mars mit Týr wiedergegeben (vgl. norweg./dän. *Tirsdag* ›Dienstag‹), und Donar/Thor wird mit Jupiter gleichgesetzt (vgl. norweg./dän. *Torsdag* ›Donnerstag‹). Daraus kann man übrigens wohl kaum Thor als Hauptgott der römischen Kaiserzeit ableiten, eher schon Thor als Blitzeschleuderer. Mars und Merkur werden von den männlichen Göttern am häufigsten auf Weihesteinen genannt, aber nur germanische Beinamen (oder allenfalls die der Dedikanten) erlauben dann eine Interpretation als Odin oder Týr. Obwohl die ältesten Runeninschriften so gut wie keine Götternamen nennen, ist Wodan der älteste auf einer Runeninschrift sicher genannte Göttername (auf der Fibel von Nordendorf bei Augsburg, 7. Jh.) und auch der in einer sächsischen Abschwörungsformel ebenso wie angelsächsischen Königsgenealogien an erster Stelle genannte Gott, obwohl Thor in der Wikingerzeit in Skandinavien nicht zuletzt auf Grund des reichen Personennameninventars eine prominente Stellung im Volksglauben eingenommen haben muss. Dafür sprechen sowohl die aus der Missionszeit in Schweden stammende Formel »Thor weihe diese Runen« auf insgesamt vier runischen Grabsteinen als auch die Darstellung von Thorshämmern auf Grabsteinen sowie die gegen Ende der Wikingerzeit weitverbreitete Sitte von Thorsamuletten und Halsringen mit einer größeren Zahl kleiner Hammeramulette. Die Thorshämmer finden sich allerdings vorwiegend in Frauengräbern, besonders in Schweden.

Aber noch weitere, und zwar eindeutig germanische Namen von Gottheiten überliefern uns die Weihesteine des 2.–4. Jh.s aus den romanisierten germanischen Provinzen. Dazu gehört die auf immerhin 28 Weihesteinen aus Friesland (und selbst Köln) belegte Göttin Nehalennia, deren Name zwar auf eine Unterweltsgottheit deuten könnte, die aber von seefahrenden Händlern wohl eher für Glück und

Reichtum angefleht wurde, wie Fruchtkörbe und Schiffs-
teile als Attribute beweisen. Auch bei Hludana (auf fünf
Weihesteinen genannt) mag es sich um eine solche Göttin
gehandelt haben, noch dazu ist ihr Name verwandt mit
dem altnordischen für die Mutter Thors, Hlóðyn, und
wohl auch mit der Märchenfigur der Frau Holle. Nur aus
den Schriften des Tacitus kennen wir die germanischen
Göttinnen Baduhenna und Tamfana, der sie als Kriegsgöt-
tinnen in Friesland beschreibt, worauf wenigstens der
Name der Baduhenna auch tatsächlich verweist. Problema-
tischer ist die Göttin Nerthus, deren geheimnisumwitter-
ten Kult auf einer Insel des Ozeans Tacitus (*Germania* 40)
ausführlichst beschreibt, weil man sie zwar als direktes ety-
mologisches Pendant zum altnordischen Gott Njörðr (dem
Vater von Freyr und Freyja) betrachten kann, aber diese
Etymologie nur eine der in den Tacitushandschriften be-
zeugten Namensformen aufgreift (noch im 19. Jh. hatte
man die Form Hertha bevorzugt, was aber auch nicht
überzeugender ist). Ansonsten wissen wir relativ wenig
über das germanische Pantheon der römischen Kaiserzeit,
auch wenn Tacitus noch einen mythischen Stammvater
Tuisto sowie ein mythisches Brüderpaar, die Alci, erwähnt
– solche Brüderpaare kommen aber in Herkunftssagen germanischer *gentes* relativ häufig vor (vgl. S. 184 und Kapitel
4, S. 99), sodass wir zwar Tacitus' Beschreibung des Kults
als römisch abtun können, nicht aber die Tatsache solcher
dioskurischer Stammväter bei den Germanen. Erst aus der
Karolingerzeit stammen dagegen andere, nunmehr in Zaubersprüchen oder christlichen Abschwörungsformeln genannte Götter: Balder, Fulla und Frîja werden im *Zweiten
Merseburger Zauberspruch* gemeinsam mit Wodan genannt, Saxnôt in der altsächsischen *abrenuntiatio* (Abschwörungsformel im Taufritus) gemeinsam mit Wodan
und Donar. Diese Divergenzen zwischen einzelnen Völkern oder Regionen deuten darauf hin, dass es neben überregionalen Hauptgottheiten (wie Wodan/Odin und Do-

nar/Thor) zahlreiche regionale, lokale und Stammesgottheiten gab. Dennoch hatte sich zu Beginn der Wikingerzeit offenbar schon ein durch ausgeprägte Einzelgottheiten dominiertes Pantheon herausgebildet, selbst wenn gerade in Skandinavien kollektive Götterbezeichnungen auch noch in der Wikingerzeit auffällig häufig sind.

Eine Reihe anderer Götter und Göttinnen tritt erst in der skandinavischen Dichtung der späten Wikingerzeit hervor, dazu zählen u. a. das göttliche Geschwisterpaar Freyr und Freyja sowie ihr Vater Njörðr. Davon war Freyr offenbar der Hauptgott (und als Yngvi-Freyr auch der mythische Ahnherr) der Dynastie der schwedischen Ynglinge in Uppsala, Freyja begann offenbar gegen Ende der Wikingerzeit die alte Hauptgöttin Frigg, die Gattin Odins, als wichtigste Göttin in Skandinavien zu verdrängen. Es muss in diesem Kontext darauf hingewiesen werden, dass der Wochentagsname »Freitag« (dän./norweg. *Fredag*, engl. *Friday*) auf Frigg (althochdt. *Frija*) zurückgeht und nicht etwa auf Freyja. Der alte (Himmels-?)Gott althochdt. *Zîu* (altnord. *Týr*) ist in den Quellen der Wikingerzeit schon stark verblasst, aber die Verwandtschaft des Namens mit altindisch *Dyaus*, griech. *Zeus*, latein. *Jupiter*, sowie altind. *deva*, altir. *día*, latein. *dei*, altnord. *tívar*, alles in der Bedeutung »Götter«, zeigt seine große Bedeutung in alter, auch vorgermanischer Zeit, obwohl wir nur ganz wenige Mythenreste über ihn erhalten haben. Dagegen tritt uns Balder sowohl in der Dichtung wie in Zaubersprüchen und in dem zentralen Mythus von Balders Tod und Bestattung schon in und vor der Wikingerzeit entgegen, selbst wenn nicht klar ist, in welcher Beziehung er zu dem seit der Völkerwanderungszeit als Symbol und Kultobjekt belegten (Gold?-)Ring steht, welcher sowohl in Bodenfunden wie auf den Abbildungen der Brakteaten und Guldgubber immer wieder hervortritt und in den literarisierten Formen des Baldermythos erwähnt wird.

## Grabbrauch und Begräbnisbräuche

Die regional und zeitlich sehr unterschiedlichen religiösen Auffassungen und Bräuche der Germanen zu Tod und Jenseits werden für uns besonders im reichen Material der Gräber greifbar. Zwar war der Wechsel von der Bronzezeit zur Eisenzeit gerade durch den Übergang zum Brandgrab gekennzeichnet, das dann als typisch germanisch gilt, aber zum einen hatte sich dieser Brauch nicht überall durchgesetzt, zum anderen drang mit der Ausbreitung des Christentums schon ab der römischen Kaiserzeit die Körperbestattung wieder von Süden nach Norden vor, zuerst bei den Goten in Südosteuropa, dann auch bei den Franken, während Sachsen und Friesen wohl aus religiösen Gründen wie die Skandinavier noch bis ins 8. Jh. an der Brandbestattung festhielten, obwohl sich daneben auch immer wieder Körpergräber finden. Grabhügel wie in der Bronzezeit finden sich in der älteren Eisenzeit zwar seltener und nehmen etwa in England erst unter skandinavischem Einfluss in der Wikingerzeit wieder zu, aber in Skandinavien und auch andernorts für Häuptlingsgräber blieb der Grabhügel so sehr typisch germanisch, dass der *Indiculus superstitionum* (ein Verzeichnis heidnischer und abergläubischer Bräuche) ihn am Anfang des 9. Jh.s sogar dort verbietet, wo er archäologisch kaum nachzuweisen ist, nämlich bei den Sachsen. In Skandinavien, aber auch unter skandinavischem Einfluss in England und selbst in der Bretagne verbergen viele der Grabhügel Schiffsgräber, wobei in der Vendel- und Wikingerzeit die Schiffsbestattung die wichtigste Form des Häuptlingsgrabes wurde. Die Arten der Schiffsbestattung selbst waren dabei ähnlich vielfältig wie auch sonst die heidnisch-germanischen Grabbräuche und umfassen reiche Körperbestattungen in größeren Langschiffen ebenso wie die Verbrennung von Boot und Leichnam (wie in dem ausführlichen Bericht des Arabers Ibn Fadlan um 922 anschaulich geschildert) und die Beisetzung in Urnen; selbst die Markierung der Grabumrisse mit Steinen in Bootsform war in Südskandinavien häufig, während die berühmte Form der Leichenverbrennung auf einem aussegelnden Schiff nur literarisch belegt, aber archäologisch nicht nachweisbar ist.

Germanische Jenseitsvorstellungen sind kaum mehr und dann nur mehr in spätheidnischer Zeit in Westskandinavien greifbar, aber schon bei Beda Venerabilis zeichnet sich ab, dass die sehr disparaten und offenbar auch kaum zu homogenisierenden Vorstellungen vom Nachleben nach dem Tod im Heidentum einer der Gründe für die rasche Bekehrung zum Christentum war, weil dieses ein nicht nur kodifiziertes, sondern auch weitgehend stringentes Bild vom Jenseits vorlegte. Ob und wie dagegen in der paganen germanischen Religion die Vorstellung von der Unterwelt Hel wirklich aussah, die in unseren nordischen literarischen Quellen schon sowohl durch antike als auch alttestamentliche Motive beeinflusst ist, lässt sich kaum mehr sagen. Dagegen dürfte man sich die Ertrunkenen tatsächlich in einem unterseeischen Reich der (Göttin) Ran vorgestellt haben, und noch besser bezeugt sind die Vorstellungen von Walhall, dem jenseitigen Aufenthaltsort der auf dem Schlachtfeld Gefallenen. Das Konzept von Walhall dürfte allerdings im späten Heidentum eine enorme Bedeutungsveränderung durchgemacht haben, denn Skaldengedichte zeichnen es einerseits als Ort des Schreckens, andererseits sind auch schon Aspekte des Kriegerparadieses mit ewigen Feiern und Kämpfen darin angelegt.[122]

122 Vgl. dazu besonders Edith Marold, »Das Walhallabild in den Eiríksmál und den Hákonarmál«, in: *Medieval Scandinavia* 5 (1972) S. 19–33.

## Das Heidentum und die Bekehrung
## zum Christentum

Trotz der individuell relativ raschen Bekehrung der germanischen *gentes* benötigte der gesamte Bekehrungsvorgang fast ein Millennium: Kamen die Goten auf dem Balkan schon Mitte des 3. Jh.s mit dem Christentum in Kontakt, als sie nach dem Sieg über Kaiser Decius 251 und bald darauf in Kleinasien christliche Gefangene machten, so wurden abgelegenere Gebiete Schwedens erst im 12. und 13. Jh. völlig christianisiert. Die Westgoten wurden im 4. Jh., die Wandalen, Rugier und Langobarden im 5., die Angelsachsen und Franken im 6., die Alamannen und Bajuwaren im 7. Jh. bekehrt, und selbst die dem Christentum – und mehr noch der Expansion des Frankenreichs der Karolinger – Widerstand leistenden Friesen und Sachsen wurden teils durch Mission, teils mit Gewalt im 8. Jh. zu Christen gemacht. Ab dem 9. Jh. war nur mehr Skandinavien nominell heidnisch, aber auch hier muss durch die in der Wikingerzeit intensiven ökonomischen, militärischen und sonstigen Kontakte das Christentum bereits gut bekannt gewesen sein. Dies führte im Norden schon vor der Christianisierung zu einem ausgeprägten Synkretismus (Glaubensmischung), welcher die literarischen wie bildlichen Quellen auszeichnet, auf denen Uminterpretationen heidnischer wie christlicher Motive in der jeweils anderen Religion zu finden sind. So konnte etwa der im Norden am besten belegte heidnische Mythus, nämlich der von Thors (vergeblichem) Versuch, die Midgardschlange zu fangen (»Thors Fischfang«), von Christen auch als die (erfolgreiche) Köderung des Teufels in Form eines Drachens durch Christus ausgelegt werden und daher Eingang in die Darstellung auf christlichen Bilddenkmälern finden.[123] Wie sehr die Vor-

---

123 Otto Gschwantler, »Christus, Thor und die Midgardschlange«, in: *Festschrift für Otto Höfler*, Bd. 1, Wien 1968, S. 145–168.

stellung von der Midgardschlange als die im Ozean die bewohnte Erde umspannende Riesenschlange auch in anderen germanischen Gebieten verbreitet war, zeigen Belege aus Süddeutschland im 12. und selbst 14. Jh. von einem Volksglauben an eine derartige Schlange, deren Bewegungen für Erdbeben verantwortlich seien.[124]

Waren es bei den Goten die Gefangenen, die das Christentum gebracht hatten, so missionierten die Goten dann wohl ganz gezielt bei ihren Nachbarvölkern, sonst wäre die Verbreitung des Arianismus kaum so schnell vor sich gegangen. Spätere Missionsversuche bei den Germanen waren von sehr unterschiedlichem Erfolg begleitet: Die gallo-römischen und auch irischen Missionare bei den Angelsachsen konnten durch die Bekehrung einzelner Könige bald gewisse Erfolge erzielen, die zwei Missionare namens Ewald bei den Sachsen dagegen nur wenig erreichen, Bonifatius wurde von den Friesen erschlagen, dagegen konnte Willibrod viele Friesen bekehren. Ansgar und Rimbert in Schweden und Dänemark hatten am Anfang der Wikingerzeit nur bescheidene Fortschritte zu verzeichnen, aber als der dänische König Harald Blauzahn durch den Missionar Poppo um 965 angeblich durch eine Feuerprobe überzeugt werden konnte, war damit auch für Skandinavien der Weg des Christentums geebnet, und Dänemark wurde noch in der zweiten Hälfte des 10. Jh.s zu einem Reich mit christlichen Strukturen und einer wenigstens oberflächlich christlichen Bevölkerung. Hierbei zeigen sich die erfolgreichsten Wege der Bekehrung: Die Bekehrung von unten wie bei den Goten war wohl die effizienteste Methode, aber gleich danach die friedliche Bekehrung von oben durch die Taufe von Königen, wie es bei Franken, Angelsachsen und den Dänen geschah. Dort dagegen, wo Missionare allein auf die Missionspredigt an-

---

124 Konrad von Megenberg, *Buoch von der Natur* II,33; *De mundi terrestrisque constitutione* 22; vgl. dazu Simek (wie Anm. 120), Kap. 6.

gewiesen waren oder wo das Christentum als von außen herangetragenes politisches Machtmittel betrachtet wurde (zu ganz unterschiedlichen Graden stimmt das für Friesen, Sachsen, Norweger und Schweden), dauerte die Bekehrung entweder deutlich länger oder musste gewaltsam betrieben werden (Schwertmission). Einen Sonderfall stellt schließlich die Bekehrung Islands dar, wo durch den Beschluss des Althings im Sommer 1000 das Christentum als einzige öffentliche Religion im Lande eingeführt wurde, mit dem durchaus schlüssigen Hauptargument, dass mit einem geschlossenen Übertritt zur neuen Religion die Rechtseinigkeit des Landes gewahrt bliebe. Da in Island mangels Herrscher die auf dem Althing verkündeten Gesetze die Grundlage eines funktionierenden Gemeinwesens waren, führte dieser Beschluss in der Tat zu einem mehr oder weniger gewaltfreien Übergang zur neuen Religion – wobei es aber auch eine Rolle spielte, dass schon viele Siedler aus Schottland und Irland keltische christliche Frauen mitgebracht hatten oder selbst dort Christen geworden waren.[125] Dass es dann noch zwei Generationen dauerte, bis in Island auch eine ausreichende kirchliche Infrastruktur existierte, um als wirklich christliches Land gelten zu können, ist eine andere Sache, und derartige lange Übergangsphasen wird man auch in vielen anderen germanischen Regionen annehmen müssen, sodass insgesamt die eigentliche Bekehrung als ein sich über mehr als eine Generation erstreckender Vorgang zu sehen ist, bis die jeweiligen germanischen *gentes* nun auch in religiöser wie in politischer Hinsicht zu christlich mittelalterlichen Reichen und Völkern geworden waren.

---

125  Hermann Pálsson, *Keltar á Íslandi*, Reykjavík 1997.

# Literaturhinweise

In den Fußnoten zitierte Spezialuntersuchungen und kürzere Beiträge sind hier nicht aufgeführt.

Beck, Heinrich (Hrsg.): Germanen, Germania, germanische Altertumskunde. 2. Aufl. Berlin / New York 1998. (RGA Studienausgabe.)
– (Hrsg.): Germanenprobleme in heutiger Sicht. Berlin / New York 1986. (RGA Ergänzungsbände. 1.)
Bemman, Güde und Jan: Der Opferplatz von Nydam. Die Funde aus den älterern Grabungen Nydam-I und Nydam-II. 2 Bde. Neumünster 1998.
Boehm, Laetitia: Geschichte Burgunds. Politik – Staatsbildungen – Kultur. Stuttgart [u. a.] 1971.
Claude, Dietrich: Geschichte der Westgoten. Stuttgart [u. a.] 1970.
Dannheimer, Hermann / Dopsch, Heinz (Hrsg.): Die Bajuwaren. Von Severin bis Tassilo 488–788. Salzburg 1988.
Döbler, Hannsferdinand: Die Germanen. Legende und Wirklichkeit von A–Z. Frankfurt a. M. 1975.
Drew, Katherine Fischer: Barbarians, Invasions of. In: Dictionary of the Middle Ages. Vol. 2. New York 1983. S. 88–97.
Düwel, Klaus: Runenkunde. 3. Aufl. Stuttgart/Weimar 2001.
Ewig, Eugen: Die Merowinger und das Frankenreich. 4. Aufl. Stuttgart/Berlin/Köln 2001.
Fischer, Thomas / Geisler, Hans: Herkunft und Stammesbildung der Bajuwaren aus archäologischer Sicht. In: Die Bajuwaren. Von Severin bis Tassilo 488–788. Hrsg. von Hermann Dannheimer und Heinz Dopsch. Salzburg 1988. S. 61–68.
Fuhrmann, Manfred: Die Germania des Tacitus und das deutsche Nationalbewußtsein. In: Ders.: Brechungen. Wirkungsgeschichtliche Studien zur antik-europäischen Bildungstradition. Stuttgart 1982. S. 113–128.
Geary, Patrick J.: Before France and Germany. The Creation and Transformation of the Merovingian World. New York / Oxford 1988.
Geuenich, Dieter: Ein junges Volk macht Geschichte. Herkunft und »Landnahme« der Alamannen. In: Die Alamannen. 4. Aufl. Stuttgart 2001. S. 73–78.

Geuenich, Dieter: / Keller, Hagen: Alamannen, Alamannien, Alamannisch im frühen Mittelalter. Möglichkeiten und Schwierigkeiten des Historikers beim Versuch der Eingrenzung. In: Herwig Wolfram und Andreas Schwarcz (Hrsg.): Die Baiern und ihre Nachbarn. Berichte des Symposions der Kommission für Frühmittelalterforschung, 25.–28. Oktober 1982: Historische und philologische Beiträge. Tl. 1. Wien 1985. S. 135–157.

Goffart, Walter: Barbarians and Romans A. D. 418–584. The Techniques of Accomodation. Princeton 1980.

Hachmann, Rolf: Die Germanen. München/Genf/Paris 1971. (Archaeologia Mundi.)

Hayen, Hajo: Handwerklich-technische Lösungen im vor- und frühgeschichtlichen Wagenbau. In: Herbert Jankuhn [u. a.]: Das Handwerk in vor- und frühgeschichtlicher Zeit. Bd. 2. Göttingen 1983. S. 415–470.

Hellmuth, Leopold: Gastfreundschaft und Gastrecht bei den Germanen. Wien 1984.

Holzapfel, Otto: Die Germanen. Mythos und Wirklichkeit. Freiburg i. Br. [u. a.] 2001.

Jankuhn, Herbert / Timpe, Dieter (Hrsg.): Beiträge zum Verständnis der Germania des Tacitus I. Göttingen 1989.

Jarnut, Jörg: Geschichte der Langobarden. Stuttgart [u. a.] 1982.

Kaiser, Reinhold: Die Burgunder. Stuttgart 2004.

Krause, Arnulf: Die Geschichte der Germanen. Frankfurt / New York 2002.

Krüger, Bruno: Die Germanen. Berlin 1976.

Kuhn, Hans / Hans Jänichen / Heiko Steuer: Alemannen. In: RGA 1 (1973) S. 137–163.

Looijenga, Tineke: Texts and Contexts of the Oldest Runic Inscriptions. Leiden 2003.

Lund, Allan A.: Die ersten Germanen. Ethnizität und Ethnogenese. Heidelberg 1998.

– Zum Germanenbild der Römer. Eine Einführung in die antike Ethnographie. Heidelberg 1990.

Martin, Max: Die Alamannen. In: Die Bajuwaren. Von Severin bis Tassilo 488–788. Hrsg. von Hermann Dannheimer und Heinz Dopsch. Salzburg 1988. S. 79–86.

McKinnel, John / Rudolf Simek / Klaus Düwel: Runes, Magic and Religion: A Sourcebook. Wien 2004.

Menghin, Wilfried: Die Langobarden. Archäologie und Geschichte. Stuttgart 1985.

- Die Langobarden. In: Die Bajuwaren. Von Severin bis Tassilo 488–788. Hrsg. von Hermann Dannheimer und Heinz Dopsch. Salzburg 1988. S. 87–100.

Moortel, Aleydis van der: Shipbuilding and Navigation in the Rhine Delta during the Late Viking Age. In: Vikings on the Rhine. Ed. by Rudolf Simek and Ulrike Engel. Wien 2003. S. 39–49.

Mortensen, Peder / Birgit M. Rasmussen (Hrsg.): Fra Stamme til Stat i Danmark. Bd. 1. Højberg/Århus 1988.

Much, Rudolf, Die Germania des Tacitus. Hrsg. von Herbert Jankuhn und Wolfgang Lange. 3. Aufl. Heidelberg 1967.

Naumann, Hans-Peter (Hrsg.): Alemannien und der Norden. Berlin / New York 2004. (RGA Ergänzungsband. 43.)

Norden, Eduard: Die germanische Urgeschichte in Tacitus' Germania. 4. Aufl. Darmstadt 1959.

Pohl, Walter: Die Germanen. München 2000. 2. Aufl. 2004. (Enzyklopädie deutscher Geschichte. 57.)

- Die Völkerwanderung. Eroberung und Integration. Stuttgart 2002.

[RGA:] Reallexikon der Germanischen Altertumskunde. Begründet von Johannes Hoops. 2. Aufl. Hrsg. von Heinrich Beck, Herbert Jankuhn, Hans Kuhn [u. a.]. Vol. 1ff. Berlin / New York 1973 ff.

Rieck, Flemming: Die Schiffsfunde aus dem Nydammoor. In: Bemman, Güde und Jan: Der Opferplatz von Nydam. Die Funde aus den älteren Grabungen Nydam-I und Nydam-II. Neumünster 1998. Bd. 1. S. 267–292.

Scardigli, Piergiuseppe: Die Goten. Sprache und Kultur. München 1984.

Siegmund, Frank: Alemannen und Franken. Berlin / New York 2000 (RGA Ergänzungsbände. 23.)

Simek, Rudolf: Der Glaube der Germanen. Kevelaer 2005.

- Götter und Kulte der Germanen. München 2004.

- Lexikon der germanischen Mythologie. 2., erg. Aufl. Stuttgart 1995.

- Religion und Mythologie der Germanen. Darmstadt 2003.

- Die Wikinger. 4. Aufl. München 2005.

Springer, Matthias: Die Sachsen. Stuttgart 2004.

Theune-Vogt, Claudia: Germanen und Romanen in der Alamannia. Strukturveränderungen aufgrund der archäologischen Quel-

len vom 3. bis zum 7. Jahrhundert. Berlin 2004. (RGA Ergänzungsbände. 45.)

Timpe, Dieter: Romano-Germanica. Gesammelte Studien zur Germania des Tacitus. Stuttgart/Leipzig 1995.

Todd, Malcolm: Die Germanen. Von den frühen Stammesverbän-
den zu den Erben des Weströmischen Reiches. Darmstadt 2000.

Von See, Klaus: Deutsche Germanen-Ideologie. Frankfurt a. M.
1970.

– Der Germane als Barbar. In: Jahrbuch für internationale Germanistik 13,1 (1981) S. 42–72.

Wamers, Egon (Hrsg.): Die Archäologie des 5. und 6. Jahrhunderts an der mittleren Donau und der östlich-merowingische
Reihengräberkreis. Germanen, Hunnen und Awaren. Schätze
der Völkerwanderungszeit. Ausstellungskatalog des Germanischen Nationalmuseums. Nürnberg 1987.

Wenskus, Reinhard: Stammesbildung und Verfassung. Das Werden der frühmittelalterlichen gentes. Köln/Graz 1961.

Wolfram, Herwig: Einleitung oder Überlegungen zur *Origo gentis*. In: Typen der Ethnogenese. Hrsg. von Herwig Wolfram und
Walter Pohl. Wien 1990. S. 19–31.

– Die Goten. Von den Anfängen bis zur Mitte des sechsten Jahrhunderts. Entwurf einer historischen Ethnographie. 3. Aufl.
München 1990.

– Das Reich und die Germanen. Zwischen Antike und Mittelalter.
Berlin 1990.

– Die Germanen. München 1995.

– *Origo Gentis*: The Literature of Germanic Origins. In: Early
Germanic Literature and Culture. Ed. by Brian Murdoch and
Malcolm Read. Rochester 2004. (Camden House History of
German Literature. Vol. 1.) S. 39–54.

– / Andreas Schwarcz (Hrsg.): Die Baiern und ihre Nachbarn. Berichte des Symposions der Kommission für Frühmittelalterforschung, 25.–28. Oktober 1982. Historische und philologische
Beiträge. Tl. 1. Wien 1985.

# Verzeichnis der Karten und Tafeln

# Register

## Zum Autor

Rudolf Simek, Jahrgang 1954, studierte Germanistik, kath. Theologie und Philosophie an der Universität Wien, wo er 1980 in Skandinavistik mit einer Dissertation über Namen und Bezeichnungen der Wikingerschiffe promovierte. Er war Bibliothekar und Dozent an der Universität Wien, unterrichtete u. a. auch an den Universitäten in Edinburgh, Tromsø und Sydney, und ist seit 1995 Professor für ältere deutsche und skandinavische Literatur an der Universität Bonn. Neben 5 Bänden mit Übersetzungen altnordischer Sagas hat er u. a. folgende Bücher veröffentlicht: *Lexikon der germanischen Mytholgie* (1984, 3. Aufl. 2006, übersetzt ins Engl., Frz. und Isländ.); *Altnordische Kosmographie* (1990); *Erde und Kosmos im Mittelalter* (1992); *Die Wikinger* (1998, 3. Aufl 2002); *Religion und Mythologie der Germanen* (2003); *Götter und Kulte der Germanen* (2004); *Mittelerde. Tolkien und die germanische Mythologie* (2005); gemeinsam mit H. Pálsson *Lexikon der altnordischen Literatur* (1987, 2. Aufl. 2006) und gemeinsam mit J. McKinnell und K. Düwel *Runes, Magic and Religion: A Sourcebook* (2004). Er ist Herausgeber der Reihe *Studia Medievalia Septentrionalia*.